福島双葉町の小学校と家族

～その時、あの時～

小野田陽子文集

コールサック社

序文

序文
心ある多くの方々に読んでいただくことを

二階堂　晃子（詩人・元教師）

二〇一六年九月、訪問を受けた元同僚から、「読んでみてください」と赤いファイルを渡された。開くと、三・一一東日本大震災でメルトダウンを起こした東京電力福島第一原子力発電所立地町の双葉北小学校の先生が当時のことを生々しく、壮絶に記録された「学級通信」の綴であった。

原発立地町は、私の故郷でもある。地元の小中高校に通い、青春時代を過ごし、町の隅々まで脳裏に焼き付いている故郷、温暖で人情味深い故郷。退職後四年間、母親介護のため毎週二日通い続け、まるでずっと居住していたかのように愛着を感じる故郷、双葉町である。その故郷は地震、津波、原発災害に見舞われ五年の月日が流れても、誰も帰れない悲しみと喪失から逃れられないでいる。その故郷が無くなっていく様子をリアルタイムで記録されていた小学校の先生の「通信」は衝撃的だった。その読み進めていくうち、そこにいた人しか味わい得ない、その時にしか分からない壮絶で切実な事実が記述されており、読めば読むほど胸が震えてしまった。

小野田さんとは面識はなかったが、小野田家は、代々、町の要職につかれているお家柄で、同職の学校関係で私の兄弟たちもお世話になっていたつながりがあった。がそれとはかかわりなく、前代未聞の大震災を受け、人の力では御することのできない原発災害をもろに受けた人々が、路頭に迷った事実、そこでとられた究極の行動、それに伴う苦しみや悲しみ、人々の様子、周りの人たちへの思い、転々と移動する所在のなさ、不安定感、体の疲れ、心の深い傷、読めば読むほど伝わってくる切実感に、「一人で読んでいてはいけない、前代未聞の事故をこうむった事実は歴史的教訓として、多くの方々に知ってもらわなければならない」という使命感にとりつかれてしまった。

また、小野田さんの冷静に客観的にものを見る姿勢、事実が目の前に浮かぶような表現力、率直な気持ちの吐露、事実をしっかり見る認識力にも感銘を受けた。若い女教師が、離れて暮らす教え子たちに注ぐ愛情の深さ、情熱にも共感させられた。全国散り散りになった子どもたちや親御さんを思い、実情を把握し、連帯・支持・励まし合うことに努められた力のすさまじさに頭が下がる思いであった。

一一九号を読んだとき、全国各地に避難している子どもたちが、心無い差別や嫌がらせに遭っているという事実を痛感した。私は、「このままではダメだ。これを多くの人に知らせなければならない」と決意した。私自身も元教師として、各地の研究集会に参加した時、子どもたちが県内の転校先で苦悩していることを訴え続けていたときだったので、通信の中身の深刻さを十分理解できた。

そんな気持ちで、出版のおすすめを再度したが、現職であることや、あちこちから「出版したら」と言われるのはお世辞だと受け止められていたようで、なかなか決意されなかった。おせっかいな私は、直接ご主人の校長室にお電話して、「ぜひ」とおすすめしたりもした。コールサック社編集者で詩人の佐相憲一さんに相談すると、こちらの心情を受け止めて、出版への手立てを考えてくださり、出版実現の運びとなった。本当に感謝している。

その後、横浜での避難者に対するいじめや各地での問題が発覚してきた。被災した子どもたちはふるさとや学び舎を失っただけでなく、転校してまで、覚えのない屈辱に耐えなければならないこの事実。この記録に触れ、大きな事故を起こした関係当局にも十分に受け止めてほしいと思うし、事故そのものの責任も当然ながら、その後に起きている深刻な人間性否定の現実にも責任を感じてほしいと望む。いわれのない屈辱を受けている被災者を思うと、悔しさを禁じることができない。

今、風化の兆しが見えるこの災害に、全国の多くの方々に関心を持っていただきたいし、学校関係者には、子どもと一緒に読んでほしいと思う。そして、被災した子どもたちが安心して学んで行けるよう尽力してほしいと願う。

全国には被災地を励まし、支えてくれる人々もいる。昨年、私は、招待されて参観した東京の小学校の学芸会で、この災害を忘れてはいけないと先生と子どもたちがミュージカルを構成し演じた舞台を拝見した。何百キロも離れた東京の学校で、先生と子どもたちが震災の事実を調べ、話し合い、劇に構成し、演じ上げたこの取り組みに、大きな感動をもらった。参観者の中には涙を流している人もいたし、演じ終わったときも拍手は鳴りやまなかった。災害に熱く目を向けてくれている人々の取り組みを知る貴重な体験だった。

「いじめをやめよう」などと注意事項やスローガンを声高々に叫ぶよりも、こういう素材を子どもたちと取り組んだ先生方の意識の高さ、教育的価値の大きさに感銘を受けた。当然私は、校長先生を通して、先生方にお礼と感謝のお便りを送った。校長先生からもご丁寧なお返事をいただいた。行事の度に、震災の話をしていることや、横浜のようないじめが起きていることに悲しんでおられることも書かれていた。被災地の苦悩を分かってくれる人たちもいるという実感を持ち、ありがたいと思った。

このような全国の温かい人々の存在もあることを信じながら、この『福島双葉町の小学校と家族～その時、あの時～』を全国の心ある多くの方々が読んでくださることを願うばかりである。

小野田陽子文集

福島双葉町の小学校と家族

~その時、あの時~

目次

小野田陽子文集

福島双葉町の小学校と家族

～その時、　あの時～

牛に注意
この付近で放れ牛が
目撃されています
放れ牛を見つけたら
安全を確保してください
連絡先

第一章　その時

２０１１年3月11日　午後2時46分
東日本大震災の始まりとともに、それまでの平穏な日々が終わる。
そして、国や東電が言い続けてきた原子力発電所の
「安全神話」も崩れ、福島第一原子力発電所の爆発事故。
世界に知れ渡った「フクシマ」
その原子力発電所立地町、双葉町の小学校。
それぞれが「その時」をどう過ごしてきたか。

1　双葉北小学校はこんな学校でした

東京電力福島第一原子力発電所の1号機がある双葉町。人口は7，000人足らずの小さな町です。昔から文教の町と呼ばれるほど、職業で「教師」が多く、町を歩くと先生方とよくすれ違います。町には、水のきれいな海水浴場50選にも選ばれた郡山海岸があり、そこから国道6号線までは田んぼが広がり、花卉《かき》農家も多くいます。国道6号周辺から西側には町が広がり、子ども達の多くはこのあたりに住んでいます。清戸さくの壁画があり、大昔の縄文時代から人がいたことが分かります。常磐線も国道6号線に並行して走っています。土盛りした上に線路があったので『どんな津波がきてもこの常磐線が止めてくれるだろう』と町の人は話していました。常磐線より西側には、田んぼと、低い山が続きます。その山の中にはバラ園があります。山には、タヌキ、サルがいました。町の中を流れる前田川にはカワセミ、カワウ、カモ、ドジョウ、メダカなどが住んでいます。

保護者の半数以上は、東電関係の仕事に就いています。おじいちゃんやおばあちゃんも東電に関わっていたことが多いようです。

福島第一原子力発電所は「イチエフ」（双葉・大熊）。第二原子力発電所は「ニーエフ」（富岡・楢葉）と呼びます。双葉町から通勤するには「イチエフ」の方が近いので、「ニーエフ」に転勤になる母親は「ちょっと遠いんだ。」とがっかりします。

2　平成23年3月11日午後2時46分

わたしは、午前中に息子の中学校の卒業式に行くために、午前中は学校をお休みしていました。浜通りには珍しくとてもとても寒い日でした。卒業式も、あまりにも寒く冷えてしまったので、午後は思い切って休んでしまおうかと思ったほどです。でも、春休みが近い金曜日。たくさんの荷物を持ち帰らせなくてはと思い、午後1時45分に登校したのでした。今思えば、あれが、住み慣れた我が家のこたつに入った最後の時だったんですね。

5校時が午後2時35分に終わり、帰りの用意をする子、たくさんのプリントを配付する子が教室中に散らばっているときでした。日直は帰りの会をしようと教卓の前に立っていました。「ゴーッ」という音と小さな揺れが始まりました。あの大地震の始まりです。

先週までも、何度か「ドカン!!」という突然のゆれや、「ゴーッ！」という地鳴りの後の揺れの地震がありました。それが、あまりにも頻繁だったので、『これは、そのうち大きな地震が来るぞ。』と思い、わたしは自分の子ども達（小6と中3）に大地震が起きた時のために、①学校にいるときは迎えにいくまで帰ってこない。②道を歩いているときは塀の近くに行かない。③家にいるときは瓦が落ちてくるから外に出ない。倒れるもののそばにいないなど、それぞれどうしたらよいか話して聞かせていました。大人がそばにいないとき、自分の身は、自分で守れるように。

学校でも、この大地震以前の地震の時に、「この学校は、2月中旬に耐震工事が終わったばかりの学校なんだから絶対につぶれないよ。学校にいれば安心。揺れを感じてごらん。」と言って、揺れてはいてもきしむ音ひとつしない、頼れる校舎をクラスみんなで体感したこともありました。（震度3程度では音もしないのです。耐震工事って、すごいです。）

また、たまたま、その前の週の宿題に「地震、津波がきたときにうちはどうするか家族と話し合って決めてくる」という宿題も出していました。そのくらい、異常なほどの地震&地鳴りが頻発していたのでした。

3　長い！いつもと違う!!

揺れはじめは、最近増えていた地震と変わりありませんでした。「また揺れてるね。」なんて話していたくらいです。でも、揺れがおさまりません。「どうする?机にもぐる?長いねえ。」なんて話していたら、急に揺れが大きくなりました。

「もぐれっ!!」わたしが言うよりも速く机にもぐっている子もいました。「きゃーっ!」という女の子もいましたが、それははじめに叱りました。「騒ぐと余計こわくなる。」と。すると、みんな静かになりました。わたしも机にもぐってしまっては子ども達が怖がると思い、教卓につかまって立ったまま「だいじょーぶ!!」とだけ言っていました。子どもはもぐっている机の脚をつかみ、その机ごと、「揺れて、すべって」(揺れが大きすぎて床をすべってしまうのです。)に耐えていました。わたしも、大きく足を開いただけでは倒れてしまうのでやはり、教卓をつかんだまま動けませんでした。

「先生、冷たい!」メダカと金魚の水槽のそばの子が叫びます。揺れは、「ガタガタ」ではなく大きく「ゆっさーゆっさー」という感じでした。東西にきれいに揺れたので水槽の水が左右にゆれて、端からあふれてしまっていたのでした。歩くのもやっとでしたが、何とか水槽の所まで行って持ち上げましたが、持ったまままわたしも揺れます。やはり、こぼれて、わたしもぬれました。それで、「ごめん、無理だ。」と言ってそこにおきました。教室前後の入り口のドアもバタンバタン開いたり閉じたりしていました。

その頃、棚から、ロッカーからすべての荷物が床に落ちました。すべてのロッカーと棚が備え付けだったので倒れる心配はありませんでしたが、四方面の荷物が落ちたので、揺れが東西だけではなくなったんだとわかりました。

4　心の中で「こりゃ、だめだ」

揺れはおさまりません。棚、ロッカー、そして子ども達の机の上から、物はすべて床に落ちました。天井に固定してあるテレビの周りの石膏がぼろぼろ落ちてきます。一番近くの机の下にいる子も、「揺れてすべって」なのでその場から逃げることができません。そこで、万が一テレビが落ちてきても子どもの方に破片がいかないように教師の事務机でバリケードを作りました。

小高い丘の上に立つ双葉北小学校の、三階教室から見える町は……。もわ～っと立ち上った土煙が二階の屋根よりも高くなり、町中を飲み込みました。子ども達には「大丈夫」と言い続けましたが、その光景を見て、心の中では「こりゃ、だめだ」と思いました。

そのうち、やっと揺れがおさまりました。みんなはほっとして机から出てきました。「すごかったね～。長かったね～。みんな、見たことないもの見せてあげる。町を見てごらん。」と言うと、「すげーっ!」「なんだこれー!」「家が見えなくなってるー!」と、子ども達は窓際に集まって、呆然と町を見下ろしています。するとまた、地鳴りと共に大きな揺れ!!

「もぐれ！」なんて言わなくても、みんな自分の机に急いでもどって、またもぐりました。こんなに大きな地震が続けて2回もくるなんて誰も考えていませんでした。こんどこそ、女の子はすすり泣きはじめました。男の子の中にも、「ばあちゃーん！ばあちゃーん！」と大声で泣く子も出始めました。すると、わたしひとりであちこちの子をなだめているのを見ていた学級委員やスポ少のキャプテンなどが「大丈夫だ。」「安心しろ。」「騒ぐな。」「笑ってみろ。」など、机の下からみんなを励まし始めました。これで、わたしもものすごく心が落ち着きました。

5　2回目の揺れで急に心配に

2回目の地震が起きていても、まだ「避難しなさい」の放送はありません。音もすごいし、なによりこの揺れも長い!!止まりません。『いつもの避難訓練が地震↓火事↓避難だから避難しないのか？一階はどうなっているんだ？そういえば、耐震工事を今年からやる予定だった娘の学校（双葉南小学校）はつぶれていないのか？午前中に卒業式終えて友達とお祝いしてると言った息子はどこに行ってるんだ？重い瓦屋根の我が家は立ってるのか？』など、たくさんの心配ごとが出てきました。

さっきと比べれば揺れが小さく感じられたので、校庭の方を見てみると、もう大人が何人か避難してきていました。ところがその人たちの足元をよく見てみると、地割れが入っています。近くの通路のアスファルトも割れています。わたしは体育主任だったので、『この校庭の地割れ、どうやって直すんだろう。』と直し方の心配をしていました。

双葉北小は東側の地盤が柔らかかったらしく、東側に数多く地割れがありました。校庭の真ん中あたりには段差のある地割れもあります。ということは、校舎も、わたしたちがいる東側が沈んでいるということだなと思いました。

その地割れが集中して入っている付近に避難している住民や子どものお迎えの方に、3階ベランダから「今みなさんが立っているあたりに地割れが集中しているので、割れていない部分に行ってください。」と声をかけました。

いつの間にか、廊下には制服を着た男子中学生が5人います。なんと息子が、遊んでいた友達と「お母さん心配だから見に来たよ。」と訪問したのでした。律儀に靴を脱いで靴下で3階まで上がってきたので、廊下や階段の植木鉢や花瓶が落ちてちらばったものを踏んで、どろどろびしょびしょになっていました。その頃2回目の揺れがおさまりました。せっかくなので5年生の子ども達に「今日、中学校を卒業した息子です。」と紹介したら、みんなは机の下から「おめでとうございます〜。」と拍手をしてくれました。その後、中学生たちは、「町の人を助けてくる。」と言ってまた、去っていきました。この中学生たちは、結局その後も友達の家の片付けを手伝ったり、つながれたままで苦しそうな犬を助けたり、避難所に自分の家の毛布を届けたり、おにぎり配りをしたりとずっと働き続けることになります。

6　3階で相談「どうしますか」

2回目の地震が終わりました。教室の周りの壁などに破損は見られませんでしたが、学校から見える周りの家の中には、瓦屋根が崩れ、物置のような物はつぶれています。それでも「避難しなさい。」の放送はありません。校内電話もつながりません。3階の4年5年6年の先生が廊下に集まって「避難指示がないのに避難させたらまずいですか。」「もう大丈夫なんでしょうか。」「保護者集まり始まっているし、校庭に出しますか。」「だれか1階に行きますか？でも、子ども達から離れたらまずいですよね。」と話し合いをしていました。4年教室と6年教室を覗いたら、結構な数の子が男女関係なく、静かに泣いていました。

そんなとき、また、揺れです!!3回目です!!子ども達からも、地鳴りもすごかったため、「またたっ!!」「もういやだ！」と叫び声が。そして、素早く自分の机の下へ。はじめの地震からほとんどずっと揺れっぱなしです。いつまで続く？さすがに、ただ事じゃないと子ども達も理解したようです。そんな中、担任していた5年生はどちらかというとみんな、冷静にみえました。静かにして、机とともに揺れているという感じでした。

そして、やっと校内放送です。「この揺れがおさまったら避難します。現在、東側の校庭の地割れがひどいので、普段の避難経路を使わず、西側の階段を使って、第一避難所まで行きます。ただし、昇降口の下駄箱が全部倒れているので靴は履きません。気をつけて避難しなさい。」と。

逃げました逃げました。とてもスムーズ。騒ぐ子は誰もいません。全校生が西側に集中して避難しているはずなのに、混むこともなく、第一避難所まで一度も止まることはありませんでした。

帰りの用意ができていた学年と、卒業式の練習をするために帰りの用意をしていた6年生だけがランドセルを背負い、それ以外の学年の子は何も持ち出す余裕もなく、校庭に避難しました。

7 「じいちゃん!」「無事だったか!」

校庭に避難し整列をしているところへ、子どもや孫が心配になって迎えに来た方々が集まってきました。「じいちゃん、血ぃ出てる!」「こなっくらい大丈夫だ。塀が倒れてきたんだ。」とか、「〇〇、無事だったんだな。」と、家族の再会があちこちでありました。

お迎えの人から町の様子をきくと、道路が崩れたり、倒壊した家が道路まで出てきていたり、橋は落ちなかったものの段差や裂け目が大きくできていたりして車で走れなかったそうです。早く子ども達に会いたかったのに、走ることができる道を見つけるのに時間がかかったと話していました。確かに、自転車やバイク、自分の足で走って来た人の方が、早く学校まで到着できていました。

集まってきた大人は、いつもは見かけない仕事着の人が多くいました。仕事場から急いでかけつけたんですね。また、けがをしている人、足を引きずっている人……。そして、やはり、普段のお迎えでは見かけない、抱き合う親子、親から離れない子ども、ずっと手を握ったままの親子……。そして、お迎えのくる方を背伸びして『まだこないかな』と覗いている子どもの姿……。

そういえば、地震の前後、空は真っ黒になっていました。風も強く、浜通りには珍しく雪がちらつきました。あれは、地震雲だったのでしょうか。夕方頃の空は青空にもどっていたので。

全校生が集まって、保護者の方々との再会も一段落してから校長先生のお話がありました。「みなさん、けががなくて良かったです。子ども達は、お迎えに来た人から、先生に言って帰りましょう。学校に残りたい人は家族と相談して、それも先生に言ってください。教室には戻らなくて良いので何も持たずに帰っていいです。」

それから、学年ごとにお話です。

8 「宿題はおうちの人の手伝いね」

校長先生のお話の後、学年ごとに話をしました。5年生は、帰りの会の準備中だったので何も持たずに外へ避難しました。

「校長先生がお話されたように、お迎えが来ている人は教室に戻らないでそのまま帰っていいですよ。でも、必ず『帰ります』を言ってからにしてくださいね。」と言うと、「先生、宿題は？」と子ども達。

「この金、土、日の宿題は『おうちの人のお手伝い』にします。きっとお家は大変なことになっていると思うので、今回は、勉強よりも大事なことをやってください。お家の人の役に立つこと。」これが、子ども達に出した最後の宿題になってしまいました。

しばらくは外でお迎えを待っていましたが、寒い！とにかく、寒い!!風は吹くし、みぞれが降ってきました。そこで、校舎内に子ども達を戻すために、教頭先生が校舎の確認に行きました。

本来なら町民の避難所になるはずの体育館は、卒業式の準備がしてある上に、ギャラリーの窓ガラスが落ちてガラスが割れて飛び散っています。危険すぎるので体育館に入れることはできません。東側の地盤が弱くなっているのは地割れを見れば分かります。それで、一番西側の1階。教室を2つ分合わせた広さのプレイルームに、お迎えのまだこない子ども達を入れることにしました。

まだ、全校生の3分の1も帰っていません。また、町民の避難場所にもなっているので、続々学校に人が集まってきました。そこで、偶数学年の先生が、ブロックの児童の帰宅を把握することにし、奇数学年の先生方が、児童以外の避難者を誘導することになりました。

プレイルームでは、同学年同士や、兄弟、帰る方向が一緒の子、スポ少同士など、子ども達は自分で考えて落ち着く仲間と集まっていました。

9　○○ちゃん、お母さん来たよ！

プレイルームにいる間にも地震が来ます。小さい学年の子はぎゅっと固まっていました。「きゃーっ」とか、「きたーっ」と叫び声を上げるのは、小学生や中学生、高校生よりも、避難してきた大人の方でした。子ども達は揺れていないときには窓側に寄っていって、お迎えを待っています。自分の家のお迎えではなくても、友達のお母さんやおばあちゃんを見つけると「○○ちゃーん、お迎え来たよー。良かったネー。」と、お迎えが来たことを一緒に喜んでいました。

いつまでも心配顔だったのは、海側に家がある子です。避難してきた大人が「津波来たってな。」「どのくらいの津波だったんだべ。」と話しているのを聞いたからです。自分の家まで波は来たのか、お家の人は無事だったのか心配だったでしょう。中には、「お母さんが無事なのか見てくるから帰らせて。また、学校に来るから。」という男の子もいました。「こういうとき、大人は大丈夫。何とかしてるから、子どもは学校にいてくれた方が安心できるんだよ。学校で待っていよう。」と説得しました。

小さい兄弟の手を握っている高学年のお兄さんお姉さんも、お父さんやお母さんが迎えにくると、急に安心して、それまでがまんしていた涙がドッとあふれていました。そして、家族会議です。「今夜はこのまま学校に泊まるか。」「一度家をお母さんが見てくるから（子どもが心配で職場から学校へまっすぐいらした保護者が多かったのです）それまで学校で待機していてくれ。」とか、「お兄ちゃんだけ一緒に帰って、荷物を持ってまた学校に来よう。妹たちは学校で待ってて。」とか「おじいちゃん達を見てきたいけど、全部歩きだよ。弱音吐かないなら一緒に行こう。」……。真剣に話し合う家族をたくさん見ました。「俺もいくよ。」「ひとりで残るのはいやだ。ちゃんと歩くから行く。」「わかった。できるだけ早く帰ってきて。でも、無理しないで気をつけてね。」「荷物は置いてっていいんだから、一緒にいたい。」当たり前ですが、みんな、真剣でした。

10　続々くる避難者

有事の際には避難所にも指定されている双葉北小学校です。本来なら体育館、普通教室が避難所（収容所）の予定でした。校舎内には災害本部や炊き出し応急救護室、救援物資集積所や配付場所などが設置される予定でした。しかし、体育館にはガラスが散乱していて入れません。そこで、次々に来校する避難者を校舎に入れました。

保育所の子達はとても小さいのに、騒いだり泣いたりせず、大きいカートにぎゅうぎゅう入れられてきました。昇降口の段差や下駄箱の入り口の段差は、みんなでよいしょ！とかけ声をかけて上げました。そして、少しでも落ち着ける場所ということで、小さな相談室を保育所専用にしました。この子達で困ったのは、断水で水が出ないため、ミルクを作るお湯がないということです。もちろん、小学校にはおむつもありません。これにも困りました。お湯は、職員室のポットに残っていたものを差し上げました。このポットの中のものしか、お湯（冷まして水）はありませんと話して。

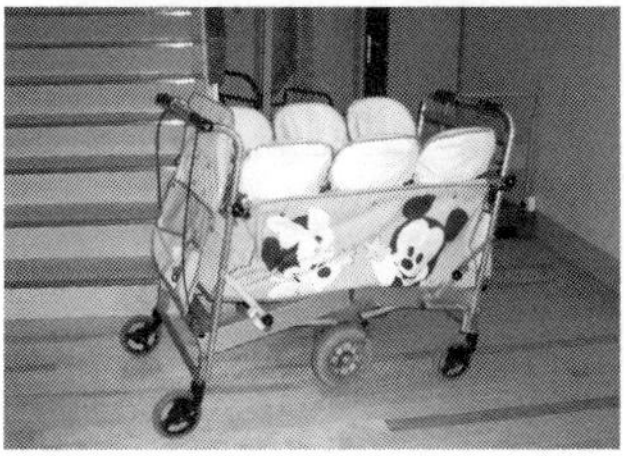
保育車

保育所のお迎えの保護者は結構焦っている方が多くいました。「保育所に行ったらいなかったんです!!いますか!!」と。たしかに、電話は全く通じません。親は心配で仕方がなかったと思います。

お年寄りや、寝たきりの方も連れてこられました。そのたびに先生方が呼ばれお手伝いしました。普通の乗用車から、体の不自由なお年寄りや寝たきりの方を降ろすのは大変でした。『家族の方は、この動けない方を一人でよく家で車に乗せたなぁ。』と感心したほどです。体の不自由な方や高齢者は、保健室に集まっていただきました。でも、ベットは2つしかないいので、床の上に、持ってきた布団をひいたり、担架を広げたり、それ以外の方は、そのまま横になったりしている感じでした。

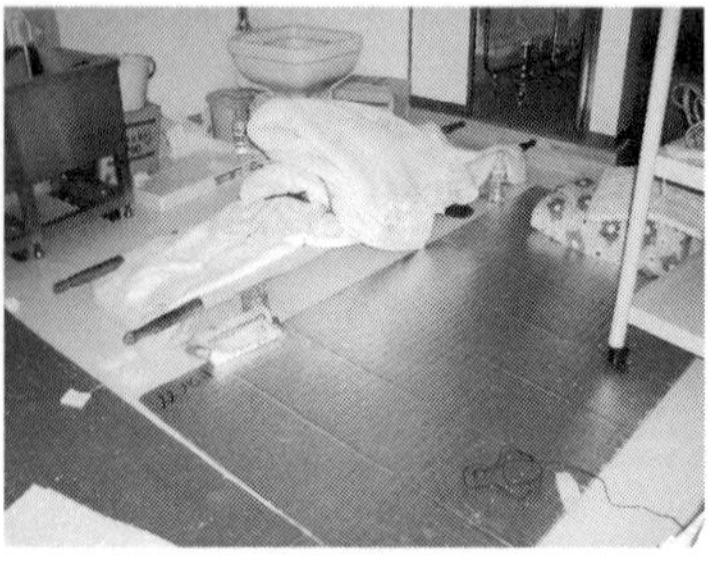
保健室の担架とマット

自分では歩けても、段差（階段）は難しいというお年寄りには、子ども達がいるプレイルームに入ってもらいました。それでプレイルームが人でいっぱいになってきたので、お迎えに来ていない子ども達を教室に戻すことにしました。夕方のことです。

11　物が散乱している教室

避難者でいっぱいになってきたプレイルームから、小学生だけを教室に戻すことにしました。わたしはまだお迎えのこない4年生と5年生を連れて3階にもどりましたが、廊下も、途中の特別教室も、教室も、植木鉢が落ちてどろどろ、水槽の水があふれてびしょびしょ。物が落ちて散乱し、足の踏み場もありません。

家庭科室は、引き戸が揺れで開いて、皿が落ちて割れていました。開き戸はあの揺れでも開かなかったのでそちらの中身は無事でした。音楽室はブラスバンド部や鼓笛隊の楽器がほとんど棚から床に落ちていました。図書室には、もともと低い高さの棚しかありませんでした。倒れた棚もありましたが、

棚が倒れなくても、中の本はすべて落ちていました。

教室は、どこから手をつけたらよいのか分からない散乱状態。すると子ども達から「先生、片付けましょう。」と。そこで、4〜6年生の教室をみんなで片付け始めました。地震はまだしつこく何度もきます。「ひとりで机の中にいるのはこわかったから、次の揺れで隠れるときにはみんなの机がそばにあるといいな。」という子ども達の案で教室の真ん中に机を集めました。でも残念。この作戦は失敗でした。次の揺れでみんなが机にもぐろうとしましたが、机がくっついてて、みんながすぐに潜れず、前の人が潜るまで待っていなければならなかったからでした。

私たちが普通教室を片付けているとき、避難してきた中学生と6年生が、特別教室を片付けてくれました。ただ、図書室だけは、本が重いし、余震で棚ごと倒れてきたら危険なので、「来週片付けるから今日はいいよ。」と声をかけました。

指示されなくても、自分にできることを探して行動し始めたのは中学生が一番先だったと思います。その姿を見て、小学生の高学年↓中学年が行動し始めました。（高校生の大部分はまだ学校にいる時間でした。電車も止まってしまったので、高校生の子ども達を迎えに他市町村に行った保護者は、通れる道を探すのに大変だったと話していました。）

12　プレイルーム満員

子ども達を教室に戻して少しの間はプレイルームにも余裕がありましたが、すぐに人でいっぱいになってきました。余震はひっきりなしに続き、けが人や津波で流された、ずぶ濡れの人も来校するようになりました。（津波が本当にきているという情報は夜になってから、職員室に付いたテレビで見ました。町内放送は聞こえませんでした。）けが人には保健室の薬で対応しました。この頃には、役場の双葉北小担当の人も数名来ていて、避難者の世話やこういう町民の対応も手伝ってくれていました。

自衛隊に連れてこられた、津波に飲まれて助かったおばあさんは、海の水に濡れたまま、がたがた震えて低体温症になり命の危険もあったため、保健の先生が自衛隊や警察に何度も電話をして何とか迎えにきてもらうように手配をしました。やっと自衛隊がきてくれて、どこかの病院に連れて行ってくれることになったようでした。（後日、このおばあさんは助からなかったという知らせを聞いて、保健の先生は泣いていました。）

あまりにも避難者が増えたので、特別教室にも一般の避難者が入っても良いという放送を教務の先生がしましたが、あちこちで子どもを探す声、余震での悲鳴、地震の時の話、ご近所さんとの再会喜びの声などで、学校中ざわざわしています。「放送何言ってるんだ!!聞こえないよ!!」と避難者に怒鳴られました。それからは、声が比較的通る先生が、ゆっくり、はっきり、何度か繰り返して放送するようにしました。

ペットを連れた避難者は昇降口に集まってもらいました。各教室に入れるわけにはいきませんでしたが、とても寒かったのでせめて……と考えて。ストーブも置きました。大きい犬も、小さい犬も、ほとんど吠えませんでした。動物もこわかったのでしょう。びくびくしてじっと飼い主に寄り添っていました。

そのうちに、今度は車で避難してくる人が増えてきました。お年寄りを連れてくるために、割れたり陥没したりしている道路で車をあちこちこすりながら、やっと運転してきたと話す方もいました。

車は校庭や、校舎裏に入れてもらいました。駐車場の案内はしませんでしたが、みなさん奥からきれいにつめて停めてくれていました。

先生方は、児童の帰宅状況確認、避難者の誘導、避難してくる人の名簿作りなどに分かれて活動しました。誰が何をやるということを言われてからではありません。それぞれ、今、自分は何をすればよいのか、自分で判断しなければならない状況でした。

13　家族の安否確認　通じない電話

忙しい中にも、仕事の流れができてきました。そして、ふと『小学6年生の娘はどうしてる?学校は無事?迎えにだれか行ったか?』と思いました。職員室の固定電話は、緊急用なので使わないように言われていました。学校に来ている役場の担当者も役場との連絡をトランシーバーで行っていました。携帯電話は、全く通じません。そこで、役場の方に「双葉南小学校は無事か知っていますか?」とたずねましたが、「分かりません」との答え。わたしの家にも、娘の学校にも車で5分で行けますが、わたしだけ職場を離れることはできません。どうしようか迷っていたら、先輩先生が「お子さん達の安否は確認できたの?心配でしょう。電話貸してもらって電話しなさい。」と言ってくれました。

それで、管理職に固定電話を使って良いか許可をもらって電話しました。

……やはり、家も、娘の学校も「ツーツーツー」。時間をずらして何度電話しても「ツーツーツー」。心配でした。耐震工事をまだやっていない娘の学校。うちは瓦屋根の、結構大きな家。耐震工事は北側だけまだ終わっていない。屋根は相当重いはず。つぶれたか?南相馬市の石神中学校に勤務している主人にもつながらない。……誰ともつながらない不安。

他の先生も、固定電話で連絡を取ろうとしていますが、なかなかつながりません。でも、少しずつ電話がつながるようになり、徐々に家族が無事だと分かる先生方が出始めました。そういう先生方は自分はうれしいけれど、まだ家族と連絡が付かない人がいる手前、喜びは最小限に抑えていました。

一番みんなが家族の安否を心配したのは、用務員さんです。海のすぐそばに家があるのです。おじいちゃんとおばあちゃん、それに奥さんが家にいたはずです。3人とも避難所には来ていません。家が流されたということだけは、避難してきたご近所さんから聞いていました。男性の、とても気持ちの強い用務員さん。いつもみんなが頼りにしていた用務員さん。自分に言い聞かせるように「仕方ねえんだ。生きてたらいいけど、仕方ねえんだ。」と繰り返していました。何もできない自分たちの無力さが悲しかったです。

土台だけになった用務員さんの家

14 「安紗ちゃん、いたよ！」

双葉北小学校と南小学校は直線で1キロぐらいです。保護者の中に、北小に自分の子どもがいるけれど、南小にはいとこがいて、その子のお母さんが迎えに行けないから、頼まれて迎えに行ってきたという方がいました。

その方が「小野田先生、安紗ちゃん無事でしたよ。6年生はあと3人ぐらいしか残っていなかったけど、大丈夫。ちゃんといましたから。」と教えてくれました。「ほーーーーーっ」安心しました！「生きてた!!」今度は、家が心配に。おばさんとおじいちゃんとおばあちゃんがいるはずなのに、こういうときにはおばさんが娘を迎えに行ってくれるはずなのに、何で行ってないんだろう。つぶれたか？

その後も何度か、家と南小学校に電話をかけ続けました。やっとやっとつながったのは南小。夜の7時頃でした。担任の先生が「安紗ちゃん、6年生で最後だったんですけど、ちゃんとおばさんが迎えに来ましたよ。何でも、ご近所さんの無事を確かめながらきたんですって。お隣のおばあさんは、揺れに驚いて家の外に出たら壁が崩れてきて両脚骨折したらしく、病院へ連絡してたから遅くなったって言ってましたよ。おじいちゃんもおばあちゃんも無事だったそうです。」と、情報をいただきました。

その頃、メールが。主人から「無事か。」のみ。今回わかりましたが、固定電話は比較的通じるといわれますが、本当に、ほんの少しでした。携帯電話の通話は、３日間、だれとも1度もできませんでした。できたのは、メール。しかも、短い物です。長い文になると途中で切れてしまい、再受信しなくてはならなくなってしまいました。短いメールは比較的早く届きました。といっても、これも3日は全くだめでしたが…。わたしはソフトバンクですが、後日「どうしてメールは行ったのか」をお店で聞いたところ、「電波のすき間に送ることができるので、回線全部を使う通話よりつながりやすいんです。」とのことでした。

15　ワード？エクセル？一太郎？

手分けして打った避難者名簿は、あとから反省点が出ました。それは、先生方がそれぞれ得意とする物で打ったので、全部打ち終わったときに、あいうえお順や、行政区ごとに並べ替えをすることができなかったのです。全員がエクセルで打てば良かったたねと、安否確認依頼の連絡が入るたびにみんなで後悔しました。もちろん、打ち直しをする時間はありませんでした。

安否確認は、「○○という名前のおばあちゃん、80才ぐらいなんですが来ていますか」とか、「わたし佐藤といいますが、佐藤○○いませんか。行政区は新山です。」と家族を捜す人が一晩中続きました。そのたびに、何枚にも打たれた名前を先生方がみて「理科室にいます。」とか、「北小にはいないようです。」と答えました。この名簿は、職員室前廊下にも張り出しました。

避難所になっている北小は次々に問題が出ました。

①トイレ

トイレの水が流れないため、大変なことに。これは、大の時には新聞紙をひいてしてもらい、使用後はゴミ箱に捨ててもらう事にしました。また、女性は、使用後のトイレットペーパーはゴミ箱に捨ててもらいました。そのために、トイレの使い方を書いた張り紙をしました。

②食べ物がない

水が出ません。食べ物もありません。夜7時頃、カロリーメイト2本入りのものが50箱ほど届きました。これが問題です。何百人もいるのに、どうやって分けるか!!誰に渡すか!!水がないから、このぱさぱさカロリーメイトをお年寄りに渡すのは怖い!!困りました。

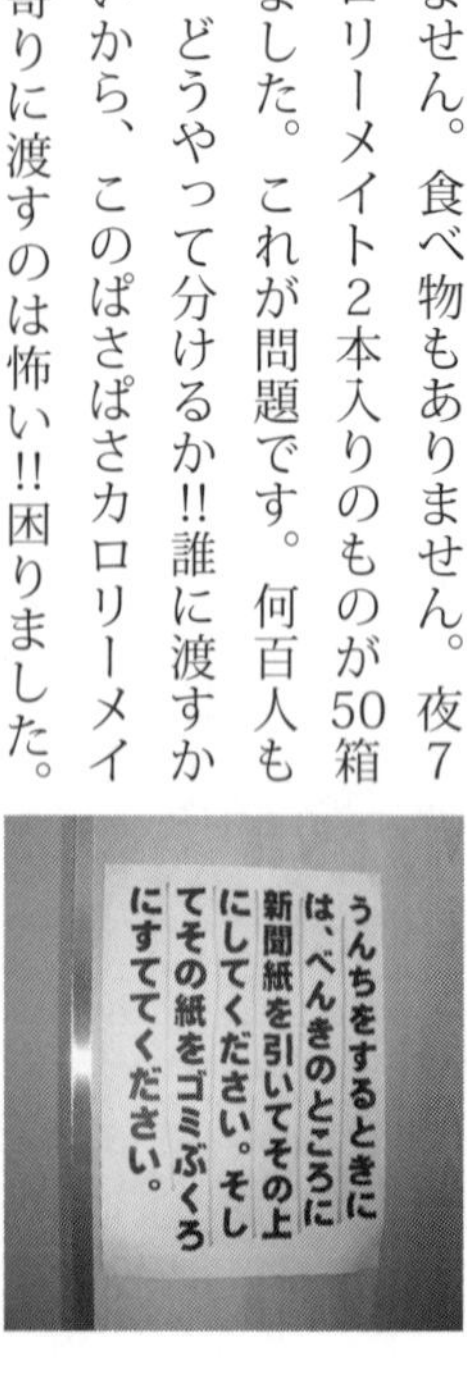

結局は、幼児にあげようということになりました。

③寒い

校内の一括操作のストーブが復旧できなかったので、卒業式のために体育館に運んでいたブルーヒーターを何台か運んできました。パソコン室だけは、エアコンが入っていたので人気でした。

16　どうして南小の先生がいるの？

夜10時前、双葉町内にもう1校ある小学校、双葉南小学校の先生方がたくさんいらっしゃいました。話をきくと、「原発が危ないので、3キロ圏内は避難しろと命令がでた。南小は、3キロ圏内に入っているので避難場所を変えなくてはならない。南小学校には双葉高校の生徒もたくさん避難してきていたし、町民もいた。それで、みんなに双葉北小に避難しましょうと案内してきた。これからは、わたしたちもお手伝いします！」と。

そんなことをいわれても、まだ誰もピンときません。なぜなら、原発は絶対安全安心だと信じ切っていたからです。電気の学習の出前授業の時にも「絶対安全安心」。遠足で東電の公園に行ったときにも「絶対安全安心」。町のお祭りの時にも出店を出していて、そこでも「絶対安全安心」といわれ続けていましたから。原発は、トラブルをいろいろ隠すので信用はできないなと思っていました。しかし、原発がトラブルを起こし運転をしなくなると、仕事ができなくなる保護者が増えます。すると、子ども達が学校で「お父さんおうちにいるの。どうしたんだろう。」など、休み時間に話が出ます。複雑でした。でも、でも、まさか「事故」がおきるなんて、夢にも思っていませんでした。

大熊町の小学校に勤めているときに「学校の防災」についてのパンフレットを読んだことがありました。もし、学校に子ども達がいるときに原発事故が起こったら

①屋外にいる子は屋内に入れる。
②雨にあたらせない。
③コンクリートで覆われている部屋があるならそこに入れる。
④③のような部屋がないなら、原発から一番遠い教室に入れる。
⑤窓を閉め、換気扇を止める。

と書いてあったのを記憶しています。

17 「ご飯はどうなっているんだ！」

カロリーメイトがほんの少し届けられただけで、おにぎりなどの炊き出しもできません。給食室で炊き出しをしようとしたら、給食室は物が落ちて、割れて、すぐに使える状況ではありませんでした。給食のおばさん方は、何とかご飯を炊く場所だけでも使えるようにしたいと、ずっと片付けをし続けてくださいました。

町の給食は23年度からセンターになる予定だったので、3月上旬には双葉中学校の敷地内に何億円もかけた給食センターができあがっていました。試運転も行われ、試食を来週に行う予定でした。しかし、このセンターは、双葉北小学校の古ーい給食室よりもひどい状況でした。山の上の双葉中学校の敷地内にあった給食センター。昔、沼だったところを埋め立てて建てた中学校。だから、山の上なのに、校庭に液状化現象が！そのせいなのか、地盤がゆがみ、給食センターも傾き、物はすべて一方に転がって集まってしまうほどの損傷でした。結局、何もすることができず、新しくそろえた物が、すべてパーでした。

町議会議員が職員室に怒鳴り込んできました。「いつになったら食料が届くんだ！」……分かっています。みんな、おなかが減っているのは一緒です。役場も、学校も、何とかしてあげたいといろんな案を考えて、できることをやっています。役場の方も、電話が使えないためトランシーバーで連絡を取り合っていましたが、声をあらげるときもありました。「何とかならないんですか！」

そうしているうちに、自衛隊の給水車がきました!!うれしい！水だけでも飲ませてあげられる!!ところが、給水車の太いホースから水を受け取る入れ物がありません。それに、ひとりひとりに分けるコップや空のペットボトルなどもありません。みんなでなにかと代替えできないかと考えに考えましたが、今まで水が全くでない現状で、衛生的に水をもらい、避難している人に分ける手段は思いつかず、残念ですが帰っていただきました。自衛隊の方も「残念です。」と話してくださいました。

18　双葉北小学校、津波の被害者なし

トイレに行く暇もなく働いているとき、娘とおじいちゃんがおばさんに連れられて避難してきました。「ひっきりなしに地鳴りと余震。お家がゆれすぎてつぶれそう。怖くて避難してきた。」と。家の状況をきくと、サッシ窓が全部外れて落ちてしまい、階段の手すりが外れて落ち、壁から板が出て、京壁はほとんどが崩れ落ち、瓦屋根はぐしも瓦もあちこちくずれ、外の犬走りのコンクリートは割れ、車庫と物置は地盤が東西に引っ張られたため、真ん中あたりに10㎝ほどの地割れ。家は川のそばに建っていますが、川の方へ落ちるように家を囲む四辺の地割れ。畑には何本も地割れ……。

夕方には息子を含んだ5人の男子中学生が学生服のまま来て、片付けを手伝ってくれたそうです。「みんなの家に行って、手伝ってんだ！」と。うちでは落ちたサッシ窓を入れ直し（重くてほぼ、断念。）、手すりを外に出してくれたそうです。力のある中学生に来てもらって助かったと、家にいたおばさん

があとで教えてくれました。夕方だったので、炊飯ジャーの中に残っていたご飯と、冷蔵庫の中のおかずで夕ご飯をごちそうし、お菓子を持たせてあげたそうです。「今まで○○くんちと○○くんち片付けてきた。今度は○○くんちに行くよ。夜は中学校に泊まるから。」と言ってまた、出かけていったそうです。

この頃やっと、職員室のテレビで津波の映像を見ました。わたしは、その日熱を出して学校を休んでいた、海にとても近い家の5年生の子が無事でいるかずっと心配でした。『家で寝てるはず。お父さんお母さんはお仕事。おばあちゃん、車運転できるのかな。連れて逃げてくれたかな。』……結局この子は、お母さんが逃がしてくれていました。「双葉の厚生病院近くの避難所に逃げた。」ということをお母さんがわざわざ学校に来て教えてくれました。「先生のことだから、心配してくれてると思って。電話が通じないから、直接来ました。大丈夫ですから安心してください。」と話して帰って行きました。他の先生方も、この子が無事でいることをとても喜んでくれました。これで、双葉北小学校の子で津波の被害にあった子はひとりもいなかったということが分かりました。

19　なに？その格好？？

突然職員室に、白い服を着た人が来ました。

「何？その格好？？」双葉南小学校の先生方がいらしたときに、双葉町内は「屋内退避」になったそうです。でも、そんなに「屋内退避」が大変なこととは思っていないので、男の先生方は、トイレを流すための水をくみに屋外のプールに何度も足を運んでいました。

　プールはプールサイドのコンクリートの床が抜けているところもあり危険です。水位も下がり、水漏れしていることも分かります。そして、真っ暗。よくみんな、無事だった！

割れて水が抜けたプール

　その頃は、給食室でご飯を炊けるようになり、女性の先生方は、おにぎりを作っていました。家庭科室にあった塩やサランラップ、配膳用お盆など保健室同様、使える物は何でも使いました。炊きたてご飯は熱くて手のひらにやけどをしてしまう先生もいました。軍手を持っている先生は軍手をかけて握っていました。双葉北小学校の分と双葉中学校の分を何とか作りたいと、みんな一生懸命でした。

　そんなとき、真っ白の服を着た人が職員室の役場の人と話をしています。
「あれ、何？本物？」
「あれって、原発の事故の時に着る服じゃないの？」

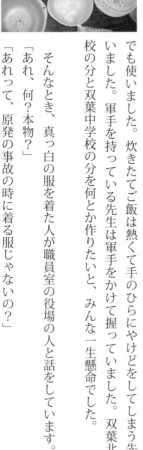

「放射能漏れてるの?」

周りではみんなこぞこそそんな話をしていました。「開いている窓は閉めてみる?」なんて、悠長なこともいっていいました。結局は、人の出入りが激しいのでなかなか閉めきりにすることはできませんでしたが……。

タイベックスーツを着ている人を見ても、「原発の人、直そうと一生懸命やってくれているんでしょ。ま、大丈夫だ。」なんて思っていました。このくらい、何があっても大丈夫と安全神話を信じ切っていたのでした。

20　おにぎり配り

給食のおばさんが貴重な水を大事に使って、休みなく炊いてくれたご飯。このとき、自校炊飯で良かったなあと、本当に思ったものでした。

広い机の上に、小さく切ったラップを広げ、その上に塩をまき、その上にしゃもじでご飯をよそい、準備ができたところからどんどん握っていきました。満杯になった段ボールの箱から各教室に運びました。

「お待たせしました！やっとできました。ごめんなさい！まず、お一人1個ずつお願いします。」と声をかけると、「ありがとうね。」「子どもはもう寝ちゃったから、まだ起きている人にあげてちょうだい。」と言ってくれる人。「おせえんだよ。なにやってんだよ！」「あっちの人たちは、自分たちで持ってきたパン食べてたから、あげなくていいんじゃないの？」と怒る人。一人1個と言っても、何個も持って行く人…。怒鳴られているわたしたちにこっそり「あなたも大変なのに、ごめんなさいね。ありがたいって本当は思っていると思うわよ。」と励ましてくれる人…。様々でした。

このおにぎり配りは、学校に避難してきた小学生や、中学生が手伝ってくれました。重い箱は、二人で持ったり、お年寄りに大きな声でゆっくり話しかけたりして配ってくれました。これは「手伝って！」といったわけではありません。一番始めは、おにぎりをわたしと娘の二人だけで配っていたのですが、その姿を見て、自分たちも何かできないかと、おにぎりを握っている部屋に自主的に集まってくれたのです。

「何か、手伝います。」

「どこから配ればいいかだけ教えてくれれば大丈夫です。」

なんて心強い子ども達!!指示待ち人間ではいけないと本当に思いました。こういうとき、的確な指示をしようとは思っても、きちんと考える暇がありません。それに、指示をする暇もないのです。自分から動いてくれる子ども達に感動でした。

21 「先生方、家に帰りたいですよね?」

夜通し働いている先生方や役場の方々。夜に避難してきた娘も、ずっとわたしの手伝いをしていましたが、夜中の2時を過ぎるとさすがにふらふらになってきました。「みんなのいる部屋で寝ておいで」と、できるだけ知り合いのいる教室に連れて行きましたが、すぐに職員室に戻ってきました。「横になると、地鳴りがすぐそこで聞こえるし、地震でゆれ続けてるし、お母さんのそばにいる。」と。では、どこで寝せようかと考えて、事務机の下に決定。普通なら足を入れる部分に、たまたまロッカーに入っていたベンチコートを着せて寝せました。地鳴りも揺れも相変わらずひっきりなしでしたが、母親のそばで安心したのか、すぐに寝息を立てていました。

午前4時頃。校長先生が「先生方、家族の安否は分かったと思うのですが、自宅を見たいですよね。」と。みなさん、待ってました!!とばかりに「もちろんです!!」と答えました。そこで、いくつか決めました。

①避難所になっているので、全員が帰られてしまうと大変。6時間交替で勤務しましょう。男性

は、夜の部を担当してください。

②明るくなって、道路状況が確認できるようになったら帰りましょう。帰宅途中で何かあったら大変です。

そこで、先生方はシフト票に自分が来れそうな時間帯を選んで書き入れました。隣町の浪江町から通っている事務の先生は、新潟県から嫁いできたばかりで道路がよく分かりません。ご主人様は北陸に出張していて連絡が取れません。それで、無理矢理帰宅して道が使えないなどして違う道に入り迷子になったり、車が動かなくなったりしても助けに来てくれる人がいないのが不安だと言って学校に残ることにしました。

校長も先生方が学校に戻ってくるまで、学校に残ることにしました。そして、全員が我が家のことを心配しながら、夜明けを待ったのでした。この2～3時間ほど後に、全町避難になるなど夢にも思わずに……。

22「同じ方面の先生がまとまって帰りましょう」

町内から通ってきている先生方は何とか帰れるでしょう。でも、町外の先生方はどの道を通って帰るか相談していました。「もし、いつもの道が通れなかったら、あそこを右に曲がる細い道、どうだろう。」「わたしは、○○さんちあたりで左折しますから、後ろをついて行かなくても心配しないでください。そこからなら、車を置いてでもすぐ帰れますから。」など、いろいろな場面を想定しています。

避難している方々の朝ご飯は、昨夜のうちにおにぎりを握っておきました。あとは配るだけにしてあります。その面は安心です。トイレには新聞紙もトイレットペーパーも置きました。ゴミ袋も廊下に置きました。準備万端にして、夜明けを待ちました。

そして、待ちに待った夜明け。外が明るくなってきました。次々に先生方が「また来ます。」と言って帰って行きます。わたしも、事務机の下で寝ている娘が起きたら帰ろうと思っていました。起きたのは6時頃。「お家に帰ろう。」と言って、保健室で、他の避難者の方々にお世話になっていたおじいちゃんも連れて、学校をあとにしました。わたしのシフトは6時間後のお昼の12時からだったので、すぐにまた来ると思い、身の回りのものはそのまま。せっかくもらったけれど、食べる暇がなくて机の中に入れたままのおにぎりもそのままにして、家に帰りました。

学校の駐車場にも地割れ。学校から一般道に降りるまでの坂のアスファ

避難中もごみは分別

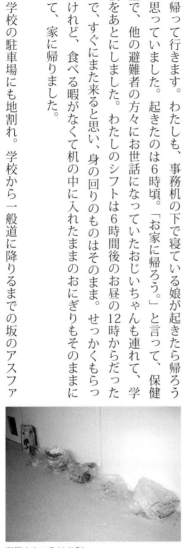

ルトも割れています。橋と道路の継ぎ目には大きな裂け目と段差。常磐線の鉄橋もバッキリ折れて川に落ちていました。事故を起こさないように、超徐行運転で帰宅しました。

昨日「行ってきます。」と出てきた家。揺れのせいで全部のサッシが落ちていたので雨戸が閉まっていました。家の中にあるはずの階段の手すりが外に置いてあります。家に入ると、壁が落ちたほこり、壁ははがれ落ち、柱はゆがんでいます。「すごい。どこから手をつけよう……。」これしか言葉が出ませんでした。そのうち、うちの周りだけ、電気が通っていたのでお隣さんが井戸水をもらいにきました。その時はまだ、「お互い、片付け大変ですよね。」なんて笑って話していました。

23 「緊急放送！双葉町民は、114号線を通って川俣に避難！」

テレビのテロップで「菅首相が、ヘリコプターで第一原発を上空から視察」と流れていました。ヘリコプターは、地震後、何機も飛んでいたので慣れっこになっていましたが、さすがに首相の乗っているヘリはどれだ?と思いました。ほかには、文言は覚えていませんが、「原子力発電所が危険な状態にある」ということが流れていきます。冗談で主人と、「逃げろなんていわれたらすぐ逃げなきゃねえ。」と話していました。

そして、片付けようのない家の中。一睡もせず、動き続けた疲れがドッと出ました。（私の出勤はお昼の12時からだから、2～3時間寝よう。）と、ほこりだらけでも、倒れてくるもののない台所の床に毛布にくるまって横になってすぐのことです。

「緊急放送！双葉町民は、114号線を通って川俣に避難!!」という町内放送です。「行くぞ!!」と叫ぶ主人。家族で打ち合わせや、話をしている暇はありませんでした。双葉中学校に泊まっている息子以外の家族6人が、それぞれの動きをしました。

私は、「泰顕（息子）を探して一緒に逃げる！」と主人に伝え、娘には「おばあちゃんが薬を飲む水筒用意して！」と。娘は気を利かしてお湯をたっぷり入れていました。そして私は自分の仕事机へ行き、いろいろ持とうとしましたが『どうせ2～3日で帰ってこられるんだったら、別にいいか。』と思って、せっかく手に取ったものをまた置いてしまいました。（あとで、あの手に取ったもの、持ってくればよかった！と何度後悔したことか…。）

主人は、腰の曲がった90歳のおじいちゃんと、病気で寝込んでいたおばあちゃん、看病をしていた主人の妹、外で飼っていたペットの犬（よく吠える番犬だったのに、地震後は腰が抜けて全く吠えませんでした。恐かったんですね、犬も。）を担当し、私と主人の2台の車で逃げることにしました。

24　最後に見た家　おじいちゃんの夢だった大きな家

主人の方が、先に準備ができたようです。「早く行くぞ！」と呼んでいます。私の車には娘と、病気のおばあちゃんが寝るための布団を積みました。それから、物置にいつも用意してあった「災害時の準備袋」を取りに行きました。この袋は、おばあちゃんから「そのうち地震が来ると言われているでしょう。うちは7人家族だからどこかに避難するときにも自分たちで2～3日は過ごせる準備をしておいてほしいの。人様に迷惑をかけてしまうからね。」と頼まれていたので、たまに中身をチェックしながら用意していたものでした。そして「川俣で会おう。」と言って主人の車と別れました。主人は、川俣に続く114号線方面に向かって。私は、息子が避難している双葉中学校に向かって。

双葉中学校に着くと、中学校から出てくるたくさんの車、車、車……。とても、校門から中に入ることができません。そこで娘に「お兄ちゃんを探してきて。私は、どこかでUターンしてくるから。」とお願いしました。娘は、車の間を走った走った走った！

車に帰ってきた娘によると、どの車にもたくさん人が乗っていて、なかなか見つけられなかったけれど、校内にサッカー部の仲間と一緒にいて、避難する用意をしているところだったそうです。そして、その仲間と一緒に川俣に行くと話していたとのこと。道路もどんどん込んできます。もう一度行って話をする暇はありません。その友達のお母さんは信頼できる人だったので、そのまま息子をお願いして、私は娘と双葉中学校を後にしました。

川俣に向かって出発するとき、もう一度自宅の前を通りました。ちょっとゆっくり走り、目に焼き付けようと思って。その時には、この家に二度と住むことができなくなるとは思っていなかったのに、なぜか、わざと自宅の前を通ったり、じっと見たりしたのでした。家が、お別れしたのでしょうか……。なぜ、無意識にあんな行動をとったのか、不思議です。

25 渋滞！進まない！

うちから10キロも進まないうちに、渋滞になりました。ガソリンは4分の3入っていて、普通なら300キロ走れるはずです。少しほっとしましたが、外では「避難しなさい!!」の放送がサイレンとともにひっきりなしに流れています。原発のせいで昨日の夜から窓を閉めるように言われていたので、万が一のことを考え車の窓は開けませんでした。暖房も冷房も使っていません。車が進まないときはエンジンも止めました。川俣まで、いつもなら1時間ほどです。でも、まだ双葉町内。この渋滞がどこまで続いているのか分からず、不安でした。

信号機は停電で消えています。しかし、交差点ではクラクションを鳴らすなど争うことなく、一台一台交互に進みました。所々道路が崩落しています。大きな裂け目や段差もありました。橋と道路の継ぎ目が一番恐い思いをしました。「よいしょ!」という感じでゆっくりゆっくり走りました。こんなところでパンクしたら大変ですから。停車しているか、クリープ現象で進むかです。アクセルを踏んだのは、大きな裂け目を通るときだけでした。細心の注意を払って運転している最中、不思議なものが…。それは、みんなが町から逃げようとしているこのとき、町の方へ走っていく大型バスがいたのです。『双葉町民が放送を聞いてから逃げ始めて30分もたっていないのに、このバスはどこから来てどこへ行くんだ?逃げなさいの放送前にバス会社に連絡が行っていなければここまで来られるはずがないのに、どういうこと?』とても不思議でした。

隣町の浪江や大熊からも114号線を通って避難しようとしている車もいます。『双葉だけじゃないんだ。これ、大変なことじゃないの?』いろいろな不安が出てきましたが、娘がいるので口には出さず、「この避難の様子、空から見たらすごいだろうね。車の列ができてるもんね。」とか、「この町内放送はテープなのかな?誰かがその場で言ってるのかな?」なんて、どうでもいいことを娘と話していました。途中の、まだ避難指示が出ていない地区の人たちは、道路に出て私たちの渋滞の様子を見ています。中にはつながった車列をカメラに収めている人もいました。

26　学校への連絡は……

避難しながら気になっていたのは学校のことです。「避難します。」と校長先生に連絡を取りたいのに、電話は通じません。もちろん、同僚に電話しても通じません。学校にはたくさんの避難者がいたのだけれど、その人達もまた、避難しているのかな。お年寄りは大丈夫かな？など、いろいろなことを考えていました。

その時、双葉北小学校では……。残っていた先生数名は町民と、動けないお年寄りを車に乗せる手伝いをしたり、たくさんの避難者の乗った車を誘導したり、足がない人にはバスに乗る手伝いをしたりしていたそうです。このとき、自分の力では動けない人やお年寄りはここに置いていってあとで助けに来ようという案も出始めていたそうです。それを知った事務の先生（まだ若い！）が、「置いていくなんて考えるな。みんなで力を合わせれば、何とかバスに乗せてあげられる。手伝いなさい！」と涙ながらに一喝したそうです。事務の先生の、心からの訴えがなければどうなっていたか分からなかったと、その場にいた町民の方が教えてくださいました。

その時、双葉中学校では……。避難を呼びかける町内放送は全く聞こえず、中学校の校内放送で避難しなくてはいけないことを知ったそうです。その校内放送の指示は「郡山方面に逃げてください。

バスはこないので、だれかの車に乗せてもらってください。」というものだったそうです。町の放送とは違います。でも、その情報しかない昨夜からの中学校への避難者達は、互いに乗り合わせて郡山方面に避難したそうです。知り合いや家族に連絡を取ろうにも、電話は通じません。行った先で、何とか見つかりますように!!と祈る気持ちだったそうです。もちろん、自分の判断で福島方面に逃げた人もいるし、北の方に逃げた人もいます。これで、双葉町民はここでばらばらになってしまったことも分かりました。

その時、隣の大熊町では……。「自家用車を使わず、バスで避難して。」という指示だったそうです。わたしがすれ違ったたくさんの大型バスは、大熊町のものだったのでしょうか。大熊の人の中には、バスが来るまでの時間に自宅に戻り、おにぎりを作ったり、ちょっとした荷造りをしたりすることができた人もいたそうです。しかし、町の指示に従ってバスで避難した人が多かったため、避難したあと長期化すると分かってからは、車がなければ何もできないと、マイカーを取りに、危険を冒して帰宅する人が多かったそうです。

27　いつもなら35分の道　その日は5時間!!

とにかく進みません。双葉町民が目指す川俣町へいく手前に浪江町の津島《つしま》という地区があります。そこまでは、普段なら35分もあれば着くことができます。ところがこの日はなんと、5時間かかりました。およそ時速7㎞ということです。寝ていないのと空腹なのと疲れとで、ものすごい頭痛がします。でも、薬を買っている暇もなし。痛すぎて目を開けているのもつらいほどでした。

津島に着きました。ものすごい車、車、車。津島小学校にも、津島中学校にも入り口に人が立っていて手で大きく「×」とやっています。もう満杯で停まれないということです。5時間車に乗りっぱなしです。ここでトイレに行っておかないとこの先、もっと山に入っていくのでトイレなどありません。どうしても行っておこうと思いましたが、停車もできないほどの車です。誘導している地元の方でしょうか。「みんなを津島に来らせるなよ。なんでこんなに人が来るんだよ。」と、怒っている方もいらっしゃいました。

仕方なく、優しそうなおじさんを見つけ、車のまどから「トイレにだけ行ってすぐもどってきますから停めていいですか?」とたずねると、「じゃあ、ついておいで。車はそこでいいから。」とおじさんが、少し遠くの公共施設のトイレではなく自分の知り合いの家を教えてくれました。

その家のお姉さんは「大変だったわね。」と、トイレを貸してくれただけでなく、「何も食べてないんでしょう。町は大変なことになっているのでしょう。」と娘にクッキーもくださいました。娘も感激して、「避難からもどったら、このお家にお礼に来なきゃね。」と話していました。

そこから川俣まで、いつもなら25分。でもこの日は、2時間かかりました。結局、いつもなら双葉町から川俣町まで1時間で着くのに、この日はなんと7時間かかりました。家を朝の7時半に出て、着いたのは午後2時半でした。原発爆発の1時間ほど前のことです。

28　川俣消防団の方が交通案内

やっと川俣に着きました。114号線から川俣に入る道の反対車線には警官が立っていて「立ち入り禁止」と書かれた立て看板があります。『えっ?もう帰れないの?』と、強い違和感がありました。

川俣には着きましたが、これからどこへ行ったらよいか分かりません。信号機も停電でついていないのでとりあえず、ぶらぶら走ってみて車がたくさんとまっているところにいってみようと思いました。

はじめに行った避難所は、浪江町の人ばかり。「双葉町の人は違うところじゃないかな。」と言われ、町の中を走ると、消防団のはっぴを着た人たちが交通整理をしています。そして、わたしたちを見ると「避難してきたのかい?何町の人?双葉なら○○だな。いや、あそこはもういっぱいだって言ってたから△△に行ってみな。道はね…。」と、わかりやすく教えてくださいました。

消防団の方々は町中のあちこちの交差点、重要な場所にいてくれます。とてもとても安心しました。

紹介された体育館に行ってみました。離ればなれになった家族はそこにいると思っていました。あっという間に見つかると思っていました。ところが、いない。一人もいない。どこにもいない。息子、主人、おじいちゃん、おばあちゃん、おばさん、ペットの犬わび。避難してくる人が大勢だったので、避難所はどんどん増え、わたしが知っているだけで5カ所に分散して収容してもらっています。1カ所1カ所が離れていて、広くて、入り口で作成している避難者名簿にも名前はないし、知り合いに聞いても「見てないな」と。時間はたつし、暗くなるし、見つからないし、ガソリンは減っていくし、焦る焦る焦る!!

やっとの事で息子を発見!!でも息子は友達と一緒にいたいと言い張ります。こんな時は家族でいないといけないということを言って聞かせました。まだ、お父さん達が見つからないから捜さなくてはならないということも。

29 「40才以下の人は来てください」

おじいちゃん達を探しているときに、白衣を着ている人が、ハンドマイクで呼びかけている避難所がありました。なんのことか分からないでいましたが、息子が「あれ、飲んだよ。ヨウ素っていう薬だって。」と言うので、まだ飲んでいなかった娘を列に並ばせました。保健婦さんが「何時に川俣に来たの？お名前は？何才？じゃあ、これだけ飲んで。」と、とてもおいしくない（息子談）水薬を飲ませてくれました。でも、なぜ飲んでいるのかは分かりません。みんなが飲んでいるし、配っているのは町の人だし飲んだ方がいいのかな？と思って飲ませました。原発が爆発したこと、大量の放射性物質が漏れたことなど、全く知りませんでした。

結局、子ども達以外の４人家族とペットは見つけられませんでした。すべての避難所を２巡しました。わたしと娘と息子と３手に別れて体育館や教室など隅々まで捜しましたが、どこにもいませんでした。知り合いや親戚はいました。それぞれ、知り合いを捜していました。そのうちに外は真っ暗になってしまいました。わたしたちも泊まるところを見つけなければいけないと思い、街角にいる消防団の人に、これから入ることのできる避難所をたずねました。川俣町体育館は天井が崩落していて危険なので、その隣の武道館、合宿所にどうぞと紹介してもらいました。

川俣の武道館は、電気も水道も止まっています。真っ暗な中、息子は寝る場所を確保するために、おばあちゃんの布団を持って入っていきました。わたしと娘は懐中電灯を持ってトイレ探しです。真っ暗な中に人がたくさんいます。トイレは大変なことになっていました。また、懐中電灯を置く場所もなく、とにかく、大変でした。用を足して、車の近くにもどって待っていると息子が迎えに来ました。「頭の上にはスピーカーあるけど、もう場所がないから仕方ないよ。」と。

とても寒い夜でした。隣の浪江から避難してきたどこかの会社の制服を着たままのお姉さんが、娘に段ボールをくれました。「布団の下にひくといいよ。板は寒いからね。」と。ありがたかった!!布団があった私たちはまだましでした。それでも寒くて、ほっかいろを何個も布団に入れ、アルミの薄いシートのようなものをかけました。

30　夜中に電気がつき、拍手！

電気がつかない、水道が使えない状況ですが、屋台などで使う自家発電機を使ってほのかな光とジェットヒーターが1台ありました。わたしたち3人は、布団を横に使って3人で寝ました。強い余震も来ます。そのたびに、頭の上のスピーカーがぐらぐら揺れて怖い思いをしましたが、本震で落ちなかったのだから大丈夫だろうと思うことにしました。

暗くなってから避難してきて、ほのかな光しかないので、誰がいるのかも分かりません。分かるのは自分たちの周りの人たちだけです。でも、知らない人ばかりです。

わたしたちは、病気で寝込んでいたおばあちゃん用にと、車に積んでいた布団があったのでまだ良かったのですが、毛布やジャンパーなどかけるものが何もなく、本当に仕事着のままで座っているという人も多くいました。寒かったと思います……。

夜中の11時頃だったでしょうか。パッと武道館の天井の電気がつきました!!夜中だったのですが、遠慮がちにみんな小さく「わぁっ!」ぱちぱち~と喜んでいました。明るいというのは、なんと心強いのでしょう!そこで見えた武道館の中にはそれはそれはたくさんの人がいました。ほとんどの人が起きているように見えました。寝られなかったのでしょうね。

わたしは頭痛もひどいし、昨夜も寝ていないので横になりましたが、余震がひっきりなしにあって何度も目を覚ましました。そのたびに周りを見ましたが、何時になっても横にならない人が大勢いました。次の日の3月13日の朝。息子が起きてから発した一言目。「中学校の制服って暖かい。これ着てて良かった!」

それから、世帯代表者会議です。今後のことについて話し合いたい。世帯の代表者は会議に参加してほしいという役場の方からの呼びかけでした。情報がないのですから、みなさん、「是非！」という感じでした。

31 「原発が爆発しました。詳しいことは分かりません。どうなるかも、わかりません」

朝、世帯代表者会議が行われました。役場の方が、現状で知っていることを教えてくれ、自分達も今後のことは分からないと正直に話してくれました。

その場で、町民から「すぐに町に帰れないなら、しばらくここのお世話になる事になる。動ける人たちでボランティアができないか。」という提案が出されました。役場の方が「自分は可能だという人がいたら挙手を。」というと、足腰の弱っているお年寄りの方々以外はほとんどの人が挙手しました。何だか、うれしかったです。

そして、ボランティアをやってくれる人は、「スタッフ」と書かれたビブスを着ることにしました。ちょうど体育館の用具室に、大会などで使うビブスがあったのです。なぜ着たかというと、お年寄りや助けが欲しい人などが、誰に頼んでいいかわかりやすくするためです。また、ボランティアをしても良いという人が、それを脱げば今は休憩中ということもわかるようにとの理由からです。ボランティアは役場の人に何をするか聞いてもいいけれど、自主的に動いてもらえるのが一番良いということになりました。トイレ掃除、玄関掃除、床のモップかけ、食事の世話など、やろうと思えば何でも仕事はありました。

次に、今、困っていることはないか聞かれました。

①親戚、近所の人、みんなの避難先を知りたい。人を捜している。
②ペットの犬を武道館の中に入れている人がいる。娘がぜんそくの発作を起こしている。医者もいないし薬もない。外に出すことはできないか。
③情報が欲しい。テレビを置けないか。

この、三つでした。①については、避難者名簿を、各避難所で作成して各避難所に送ることになっているので、送られてきたら壁に張り出すということでした。②については、ペットも家族の一員だという気持ちは分かるが、今は、人の命が優先だということになりました。そこから、室内に入れていたペットは車の中で飼うことになりました。③については、川俣町の役場さんが何とか手配してくれるということになりました。

32　避難所の生活

同じ避難所に、双葉町内で開業しているお医者さんがいらっしゃいました。ご夫婦で避難されていました。地震が起きた日の夜も、自主的に双葉北小学校の各教室を回って具合の悪い人やけがをしている人の治療をしてくださったお医者さんです。ご夫婦でお医者さんなのですが、旦那さんのお医者さんはあまり体調が良さそうではありませんでした。でも、「空き部屋を使って体の状態を診る。必要があれば、川俣のお医者さんに診てもらえるよう、紹介状を書く。」ということを引き受けてくださいました。

避難者の中には、毎日飲んでいる薬を家においたままという人が少なくありませんでした。（なにせ、こんなに長くなるなんて、誰も知らなかったのですから。本当に、一言、夜の内にでも「もし避難することになったとしたら、身の回りの貴重品はお持ちください。」など言っておいてくれれば…。または、大熊町のように「バスに乗るまでの時間に貴重品などを持ってきてください。」と、ほんの10分でも時間をもらえれば違っていたのかもしれません。本当に悔やまれてなりません。）それでも、まだ何とかなりそうな人と、緊急にお薬をもらわないといけない人とを判断してくださいました。中には、地震で転んで骨折している疑いのある人もいました。

ボランティアでそのお手伝いをしましたが、みなさん順番を守りわがままを言う人はいませんでした。また、受診が必要だとか、薬が必要だという場合には、武道館から町まで降りなくてはいけなかったのですが、ガソリンがありません。そこで、車を出せる人がみんな乗り合わせで行きました。これもみなさん好意でです。「町に行きますよ。だれか乗りませんか。」と声をかけ合っていました。

食事は、おにぎりが届けられました。地元の町内会や老人会のボランティア、川俣町役場などからです。ありがたいことです。あちこちからとどけられるおにぎりをストックしておいて、必要な個数が集まったら、だいたい夕ご飯の時間、お昼の時間などに配りました。「これは町内会からいただきました。」「一人1個でお願いします。」など言いながら、動ける人みんなで協力して配りました。

始めの頃は小さな白い塩おにぎり1つだけだったので、娘と息子には食べさせたいと思い、自分でもらったおにぎりも子ども達にあげていました。きっと、どのお母さんも同じ気持ちだったのではないかと思います。ちなみに、3月11日から16日までの6日間で4キロやせました。

33　給食のおばさんの手際良さ

全町避難した、その次の日にも続々避難者がやってきます。昨夜はどこにいたのだろうと思いました。武道館では、次から次にくる避難者の場所を作ってあげるために、少しずつ、少しずつ詰めて、場所を譲り合いました。受付をしてから入ってくる人たちは良かったのですが、受付が分からずに入ってくる人たちは役場の人に「昨日、原発の爆発があったとき、どこにいましたか。みんなの命を守るためにも、スクリーニングをしてからにしてください。」と言われていました。

武道館がぎゅうぎゅうになった頃、マイクロバスが到着しました。双葉町の特別養護老人ホームの入所者です。ボランティアができる人たちで下ろしてあげるのを手伝ってあげようとしたら「触らない方がいい。気持ちだけでいい。」とバスに乗っていた人に言われました。「私たちは、水素爆発したときにまだ双葉町内にいた。スクリーニングをしてからでないと、何かあったとき申し訳ないから。」と。手を貸すこともできず、黙々と働く特老の職員をみながら、やっと、『放射能って、そんなに恐いの？』と思いました。（結局、何時間かしてから白いタイベックスーツを着た放射線管理者が来て、全員と荷物をスクリーニングし、安全だということになりました。）

同じ頃、双葉北小学校の給食を作っていた方が避難してきました。そこで、夕ご飯には買い出しをして温かい汁物を出してあげたいという提案が出されました。双葉町役場の方が「やっていいよ。」と言ってくれたので、みんなで分担しながら３００人以上が食べることができる汁物作りを分担したのですが、さすがは給食のおばさんです。「はい、ゴボウささがきやって。」「それは後でいいよ。」「火の当番さん、大丈夫?」と10人前後のボランティアをリードして、誰も暇な思いをすることなくてきぱきと調理を進めることができました。

できあがった汁物は、特老の方々には寝たまま食べさせるので具は危険だから汁だけにして欲しいという要望に応じて汁だけ。ほかは皆さんでおいしく暖かくいただきました。その時の皆さんの驚きの笑顔が、とてもとても印象的でした。「どうしたの?すてきだわ!」(でも、この炊き出しは、この頃、全国どこでも同じだったと思いますが、物資が乏しくなっていたので、川俣町の人が食べる分がなくなるから避難者は買い物に行かないで欲しいという川俣町からの要望で、1回で終わりました。)

34　ボランティアとして

炊き出しはできなくなっても、固くなったおにぎりを塩味おかゆにしたり、昨日の残りに水と味噌を足して汁物にして皆さんにお渡しすることもしました。

そういえば、ガソリンもない、物資もないといわれているとき、武道館にはストーブが焚かれていました。役場の車(公用車)も走っています。どうしたのかと思っていたら、双葉町のガソリンやガスを手がけていたお店やさんが、避難するときにタンクローリー車で逃げたというのです。そのお店の社長さんは震災当日の夜、『原発に何かがあって避難となれば、必ず燃料が必要になるだろう。その時には、店のものを使ってもらいたい。』と考え、夜のうちから、地下のタンクからローリー車に燃料を積んでおいたそうです。そして本当に全町避難。避難してから、その燃料を、避難所のストーブや双葉町の公用車に使ってくれたのです。タクアンを切りながら（輪切りでは人数分は足りないので、細かく千切りのようにし、ラップもなかったのでアルミホイルを小さく切ってそこに乗せていました。）その話を聞いていたボランティアの皆さんも「素晴らしい!!」と手をたたいて賞賛しました。その奥さんは「逃げるときにベンツは置いていけ、ローリーに乗れっていうから、自分の荷物もろくに積めなかったのよ。でも、みんなの役に立ったから、良かったわ。」と話していました。

差し入れはいろいろ来ます。毛布、ヤクルト、リンゴ……。でも、どれも人数分はありません。ですから、「これは小学生の低学年までだね。」とか、「お年寄りにあげましょう。」とか、優先順位をつけました。配付するときに理由をいうとみんな納得してくれました。

ずっとおなかをすかせている子どもたちがかわいそうで、息子に歩いて買い物に行ってみないかたずねると、「友達と行ってくる。」と。車ならあっという間のスーパーも、歩いて行くのは大変です。今は、貴重なガソリン。今後、もっと遠くに避難してくれと言われたときのために、車を極力使わないでいたかったのです。

歩いて行った息子と友だち。行き帰りで3時間はかかりましたが、「せっかくいったけど、お店にはほとんど食べるものや薬はなくて、少しだけお菓子が残ってた。」と、お菓子を買ってきました。

他の人に分けてあげる分はなかったので、せめて、食べるときには周りの人に悪いから、こっそり食べるように話しました。

35 川俣の避難者名簿

武道館となりの合宿所には、役場の本部が避難していました。教育委員会も一緒です。そこで、教育委員会の指導主事から、川俣の避難所にきた人たちの名簿から、どのくらいの児童が避難してきているかを調べてほしいと頼まれました。それまでにも、家族や親戚、友達を捜すのに何度も見に行っていた名簿ですが、担任していた子ども達の名前はあまり見かけませんでした。もう一度確認に行きましたが、やはり、クラスの人数の半分も川俣には来ていませんでした。全校生でも、半数いませんでした。みんな、どこに行ったのだろうと心配でした。

双葉北小学校から、バスで避難してきた人が多く入った体育館には、各学年何名かの児童がいました。その体育館には、双葉北小の事務の先生（女性）、初任者の先生（男性）、用務員さん（男性）の3人もバスで避難してきていました。用務員さんは、地震の日、たまたまブラスバンド部の楽器運びを手伝うということで、いつも乗っているRV車ではなく、軽トラで学校へ来ていました。そして、そのいつも乗っていた車は家にあったので津波で流されてしまい、後日、バンパーだけ発見されたそうです。（教頭先生が「申し訳ないことをした。この日、たまたま楽器運びを頼まなければ、あの車は無事だった。謝っても謝っても、謝り足りない。」と、ずっと気にかけていました。）ベテラン用務員さんは町から避難するとき軽トラで避難しても良かったのですが、結婚したばかりの事務の先生（新潟出身）と、初任者の先生（会津坂下出身）だけバスに乗せるわけにはいかず、この二人の面倒を俺が見なくてはいけない！と、二人と行動をともにすることを決心したそうです。川俣に着いてからも、ご自分の親戚が迎えにきても「俺はここにいる。」と、この若い二人が、この避難所を去るまで、行動を共にしたそうです。

その初任者の先生は、町の指導主事の指示で、その避難所で勉強会を担当することになりました。教科書もノートもなかったのですが、知恵をしぼって、1～6年生を集めて毎日、行っていたそうです。役割を任されたため、自分も被災していて、実家に帰ることもできたのに、しばらくの間その体育館にいることになってしまいました。避難して3～4日目からのことです。この時期に勉強をすることが、教える事が必要な措置だったのか、今でも、先生方の話題に上ります。何かをしないではいられなかったのでしょうが……。

36　電話、通じるかも！

川俣の役場の方のご厚意で、武道館のロビーにテレビが入りました。不安なことばかりしかやっていませんでしたが、みんな、情報が欲しくていつもテレビの前にはたくさんの人がいました。そして、東電で働いていた人たちが難しい用語を私たちにもわかるように解説してくれたので、「なーるほどねー。」と、ほかの避難者も納得してテレビを見ていました。

そのうち、「この公衆電話でやっと家族と話せたの！」という人が出始めました。武道館にはピンクの公衆電話があり、10円玉と100円玉が使えますが、いつも「只今使えません」の表示になっていたのです。それがいつの間にか、たまーーーーに「通話可能」のランプがつくようになったのです。もう、みんな小銭を準備して行列です。それでもつながらない方が多く、つながっても何秒かで切れてしまうのですが、会いたい人の声を聞きたくて、みんなで寒い廊下に並びました。

何度も何度も並んで、やっと、やっと、主人の呼び鈴が鳴りました!!「無事だった？どこにいるの？私たち、川俣武道館。え？石神中学校？なんで？おじいちゃんたちは？二本松市の戸沢？なんで？」これだけで勝手に切れてしまいました。でも、みんなが無事だったことがわかり、一気に気持ちは家族がそろうこと！次の避難場所をどこにするか！に向いていきました。

携帯電話も充電をしていましたが、知り合いや知り合いではない人にも充電器を貸してほしいと頼まれました。「どーぞどーぞ」と貸していましたが、そのうち、ｄｏｃｏｍｏの充電器の人が盗られてしまうことがあったので、貸すときにも「よく見ていてくださいね。」と一言言うようにしました。いつもなら家においてあるはずの充電器。何気なくカバンに入れていたんですね。でかしたぞ！私!!という気持ちでした。

37「メール短く」

電話が少しずつ通じるようになった4日目。長くは話せません。話途中でも切れてしまうのでした。同じ頃、メールが届き始めました。武道館内に響き渡る、あちこちから聞こえるメールの着信音。うれしかったですね。だれかとつながっているという感じが強くしました。今まで３００人強の避難している人が持っていた携帯から聞こえていたのは緊急地震速報の嫌な音だけでしたから。

メールは、長い文章は途中で切れて「続き受信」になってしまうのですが、この「続き受信」は、これまた、受信できませんでした。しかし、短い文章のメールなら大丈夫ということが分かりました。

それで、南相馬市原町区の石神中学校にいるという主人、二本松にいるという叔母とおじいちゃんとおばあちゃん、東京の妹、石川郡浅川町の実家にいる母に、短いメールを送りました。

「短いメールで頼む」

「陽子泰顕安紗川俣武道館で無事」

「家族全員無事でもばらばら」

など、長い文章をいくつかの短いメールにして送りました。

あとで分かったことですが、電話は、通話制限をしていたそうなので、何分かこの地区の回線を開けたら、次はあの地区の回線を開けるためにさっきの地区を閉じる。ということをしていたそうです。そして、その回線のすき間に、メールならちょこちょこ入れることができるため、通話よりメールの方が相手に届きやすかったということでした。

家族みんなの無事と居場所が分かりました。おばあちゃんの布団を持っていたために避難所にとどまっていましたが、おばあちゃんが川俣にくる予定はないということも判明しました。さあ、次、どうするか。息子と娘と家族会議です。

38 「武道館にいたい」

家族の居場所が分かりました。食べ物が足りない、寒い、お風呂に入れないこの避難所生活は長く持たないと思い、次にどこに避難するか相談です。

武道館に川俣の人が設置してくれたテレビの周りでは、見知らぬ人たちで情報交換をよくしていました。「今度、どこに行く?」「福島市の親戚のところに行く。」「新潟に行きたいが、高速道路は走れるんだろうか。」「ガソリンがないから手に入るまで動けない。」「友達が、『日中は渋滞があちこちである。だから夜の方がスムーズに走れる。でも、道の状態は悪いし、真っ暗だから夜は気をつけろ。』とメールをくれた。ガソリンとの相談だな。」など、知らない人の相談にものってあげたり、知っている情報を教えたりしていました。

子ども達は、何人か友達がいるこの避難所に一緒にいたいと話していました。ここから、双葉にもどりたいと。その気持ちはよく分かりましたが、この日(14日)の午前、12日の1号機に続き、3号機も水素爆発をしました。2~3日でもどれると思って着の身着のままで避難してきたのはみんな一緒です。でも、白煙の上がる原発をテレビで見て、原発から3キロあまりしか離れていない家のある双葉に帰ることができるのか、不安になってきました。そこで、わたしの実家(石川郡浅川町)に避難することにしました。

しかし、ガソリンが持つかどうか不安な量です。それを、短いメールにしました。「浅川に行きたいがガソリンが持つかどうか不安」すると、東京にいる妹から「主人のお母さんの妹が川俣にいる」「10リットル缶を持っているガソリンを手に入れたら武道館に行く」の返信が。

一度もお会いしたことのないこの方は、1時間ほどしてガソリンとおにぎりを持ってきてくれました。とてもとてもありがたかったです。見知らぬ人とのつながりが私たちを助けてくれました。

川俣から実家までの道が分からないし、車にナビが付いていないので、川俣役場の方に道路地図をコピーしたものをいただきました。これで準備は万端。あとは、夜になって交通量が減るのを待つだけです。それから、避難所にいる知り合いや役場の方、教育委員会に、これから先の居場所を教え、お別れを言って回りました。

39「無事でしたか！」

実家についた頃、初めて校長先生と連絡が取れました。校長先生は、職員と職員の家族の安否をとても心配してくださいました。

電話では、先生方と今まで連絡が取れず心配していた事、先生方が学校から帰宅したあとの避難所になっていた学校の様子、ご自分や連絡がついた先生方の居所を教えてくださいました。そして、わたしの家族が7人そろっているのかも気にしてくださいました。

現在、わたしと子ども2人だけが私の実家。おじいちゃんとおばあちゃんとおばさんが東和町（二本松市）。主人が、道路大混雑の川俣まで避難しようとしている最中に、石神中学校の校長だった主人に、市役所から連絡が入り、「原発からの避難者を石神中学校で受け入れたい。」という要請を受けて、おばあちゃん達を東和に置いてから南相馬市に戻ったことを話しました。すると校長先生、一言。

「全員集まりなさい。まず家族全員の安全を確認してからにしなさい。」と。校長先生は、前代未聞のこの事態では、どうなっているのか、どうなるのか分からない。まず家族を守ることを最優先に考えなさいと教えてくださいました。

そういえば、何回かつながった主人との電話から聞こえる南相馬市の防災無線や、南相馬市の情報には耳を疑う物がありました。

☆サイレン「火力発電所が爆発の危険あり。周辺住民は避難。」と放送↓電話中に聞こえました。逃げてほしいといいましたが、「石神は海から離れているから、大丈夫だ。」と。

☆「本日は○○ガソリンスタンドと○ガソリンスタンドがあいています。」↓屋内退避命令が出ていたので、無駄に屋外に出て、放射線の危険にさらされないようにしてくれていたんですね。

☆「支援物資の配給を○○で行います。時間は～」↓この放送があると、屋内退避命令が出ているため、家の中だけで生活している方々が、どこからともなく集まってくるのだそうです。

☆自衛隊の部隊が、「原発が危険。爆発します。100キロ以上逃げてください。」と体育館に叫んで一斉に避難していった。↓今、体育館に避難している人はお年寄りや自家用車がない人が多いのに、どうやって避難しろっていうんだ？（体育館に、子どもの姿はほとんどなかったそうです。）

校長先生からの電話を切ってから、わたし、長男、長女、実家の父母などで、主人に避難を促す電話、メールを送り続けました。それでも主人は「避難している人をこのままにしては行けない。」の一点張りでした。

40　津波　その1

今回は、津波を見た人、津波から逃げた人、津波に飲まれたが助かった人、津波に関係する話の特集です。

☆地震の後、双葉町内の友達の家の片付けに走り回っているとき、高台に行った。そこで、海の方を見ると黒いものが、音を立てずに静かに田んぼの上を進んできた。しばらくの間はその夢を見て怖かった。

☆相馬市の海沿いの高台にある中学校校舎から津波が見えた。真っ黒な色をした海が渦を巻いて集落を飲み込んでいった。先生も、生徒も、ただ呆然と見ていることしかできなかった。

☆迫ってくる津波はものすごい速さだった。高台で見ながら、「これは走っては逃げ切れない」と思っ

た。（陸上短距離選手談）

☆小高区の家をでてすぐに海の方の松林の上に波が見えた。「走れ！」と父が叫んだので家族で反対方向に走ったがすぐに飲み込まれた。何とか浮かばなくてはと思い、とにかく、水をかいた。運良く浮かべたら、その波には、ご近所さんも巻き込まれていて、血を流してぐったりしている人や、自分と同じく浮いている人もいた。「丸太につかまれ！」「かあちゃん！」「周りに流れてくる物にはさまれるな！近づいてくるものは蹴飛ばせ！」「とうちゃん！」「足がついたらすぐに内陸に向かって走れ！引き波に連れて行かれたら終わりだ！」「どこにいるの！」たくさんの叫び声。そして、沈んでいく人……。

運良く両脇に丸太を抱えることができ、たくさんのがれきと一緒に約2キロほど流されたとき、足裏に感触が！「足ついた！」そこからは無我夢中で町の方に走った。同じ場所で津波に飲まれても、みんなばらばらに流されていき、自分の家族も遠くまで流されてしまった。はじめの地震でのけが、津波で流されているときに切った足……。けが人も多かった。

☆広野町の小学校。津波がきていることすら知らなかった。何気なく外を見ると、海側の町があったところに黒い海があり、水が渦巻いていた。それをみて、自分の家は流された。終わったなと思った。

双葉の郡山海岸　波に道路を持って行かれた

☆双葉町の海岸線には松林があり、町から海は見えなかった。しかし、今はその松林がほとんど流されてしまったので町から海が見えるのが不気味。

41　津波　その2

今回も、津波を見た人、津波から逃げた人、津波に飲まれたが助かった人、津波に関係する話の特集です。

☆双葉町の海岸が近い地区。地震が来て、津波が来ると判断し、近くの小高い丘にご近所さんを誘い合って登っていた。そして、津波の第1波。集落を飲み込んでいく黒い波。何もかもそっくり海に持って行ってしまった。『何もなくなった……。』と思っているうちに第2波。その波で、さっき持って行ったがれきを全部持ってきた。その波を見て『まずい！逃げろ！』となり、その丘を降りず、山の中を走って町の方に逃げた。

☆浪江のおじいちゃんおばあちゃんの家に遊びに来ていた、近くの町の高校3年生。地震があり、お年寄りを近くの集会所まで連れて行き、ご近所さんのお年寄りも何人か助けた。

「もっと困っている人いるかもしれない。」と出かけた所を、津波に飲まれる。助けられたお年寄りの中に「こんな事になるなら、俺が流されれば良かったんだ。あの子が死ぬことなかったんだ。」

と激しく落ち込む方がいた。

☆海沿いの友達の家が津波で流されて、自分の家の隣の畑にきた。1階部分はなくなっているけれど2階の友達の部屋は無事だった。「家に戻れたら、ご近所さんだね。」と屈託なく笑い合う小学生。

☆「わたしが、海沿いの地区から逃げる最後の車でした。わたしのすぐ後ろを、波が追ってきたから。○○○さんは、わたしが逃げるときにまだ家にいたから、津波に飲まれたと思う。」

☆海沿いの小学校。先生方は、子ども達を連れて走って避難。近くには高い避難場所がないので、全校生で山を目がけて走る。山の中をとにかく前へ前へ。しんがりの先生が振り返ると、学校が津波に飲まれている。自分の車も流れている。やっと、大きな国道に出るが、役場まで行きたい。

小さな1年生はもうヘトヘト。そこへ、荷台が空っぽのダンプが2台通りかかり、「荷台に乗りな!」と。全校生が、ダンプの荷台にのせられて、無事、全員避難。先生方は、車も、荷物も流されて、自分の家の鍵もない。財布も携帯も、免許証も何もない。子ども達を帰してからも自分が大変だったと話していた。

双葉町内のがれきは道の横に積まれたまま

42　津波　その3

今回も、津波を見た人、津波から逃げた人、津波に飲まれたが助かった人、津波に関係する話の特集です。

☆「お母さんの車がここにあるから、きっとこの辺にいるはず。」海から2キロほど離れた所まで流されてきたお母さんの車を見つけた男子高校生。一人で何日もがれきの下を捜していたということだった。お母さんは中学校を卒業した妹と家から車で逃げた事は分かっている。自分は津波がきた時、山の上のゲートボール場にいたおばあちゃんを助けにいっていた。自分も津波に追いかけられ、足が水についた。父親は、津波に飲まれたご近所さんが、血を流して同じ波に流されているのをみたという。

結局、何日かして妹が見つかり、次に母親。遺体確認はその子が行ったそうだ。はじめは、認めなかったという。父親はまだ見つかっていない。

☆消防団が双葉北小学校に運んできた津波に飲まれた人。大きなけがはしていないが、暖を取る方法も、着替えも、満足な医療機器もない。救急車もこない。ぬれたこのままでは低体温症になって命が危険と判断した養護教諭が自衛隊や警察に何とかしてほしいと連絡を取り続け、やっと、病院へ行けることになった。（結局、助からなくて亡くなった）

☆町で会合に参加していたおばあちゃん。ものすごい地震で「これは津波がくる！家には孫がいる！」と車を飛ばして海沿いの自宅へ。流された車の中で、おばあちゃんと、お孫さんが亡くなっているのが見つかった。一緒に逃げたはずのお父さんはまだ見つからない。

☆その日、発熱で学校を休んでいた子。お母さんは働いているので、子どもが学校を休んでも、いつもならお昼頃に一度帰ってくるくらいだったのに、なぜかその日はお母さんも仕事を休み、看病をしていた。そして津波。その日、お母さんがたまたま仕事を休んでいなければ、その子も、家にいたおばあちゃんも助からなかっただろう。生かされたと感じているそうだ。

☆家でサスペンスのドラマを見ていてそろそろ犯人が分かるぞ！と思っていたら、バキバキという音。外を見たら家の近くの竹林が流れて迫ってきていた。急いで裏山に登り、自分の家が流れていくのを眺めていた。「人生、終わったな。」と、妙に落ち着いて見ていられたという。

☆津波が来た当日。自宅にいるはずのおじいちゃんとおばあちゃんを探しに息子が行く。水が引かないので、水の中に入りながら家を目指す。家に向かって声をかけても返事がない。夜にまた津波が来たら大変なので、いったん町場へ避難する。

次の日の朝、もう一度行くと2階に二人がいた‼連れて避難するとき、お隣さんのおじいちゃんが2階にいた。おばあちゃんは、津波にさらわれたらしい。一緒に逃げようと声をかけたが無言で窓を閉めたそうだ。このおじいちゃんは、その後、餓死しているのが発見された。帰ってこないおばあちゃんを待っていたのだろう。あの時に、無理にでも連れて逃げていればと悔やんでいた。

43　それぞれの状況　その1

今回は、はじめの2日の、それぞれの「その時」。

☆双葉町にある病院。あの揺れで様々な物が落ち、倒れ、散らばり、ものすごい病棟に。看護婦さんは、自分の担当の患者さんのところや寝たきりの患者さんのそばへ行く。

次の日朝の避難指示。このたくさんの寝たきりの入院患者さんをどうするか。置いていくわけにはいかない。町民が避難し終わった頃、双葉高校にヘリコプターが迎えに来るので、そこまで行くように指示が来る。

何とか、患者さんを運んだ。双葉高校校庭には、町民の方で家がつぶれて車も下敷きになり、避難したくても避難できないでいた人達も来ていた。屋内に入りたいが、校舎も、体育館も、昨夜の原発から三キロ圏内は退避という命令通り、全員退避したので、厳重に鍵が閉まっている。仕方なく校庭で待つ。すると、ものすごい爆発音。そして、ぱらぱら、はらはらと、白い何かが降ってきた。

しばらくすると、完璧に防護服を着た警察が来て「屋内退避!!」と叫ぶ。どこからも入れないから外にいたのに……。すると次には自衛隊が来て事情を理解すると、何も使わず、体育館の壁を登り始める。一人目は登れなかったが、2人目が上手に体育館の壁を登り、体育館の2階のギャラリーの窓から中に入り、内側から鍵を開けてくれたので体育館内で待つことができた。

☆その後、数機の自衛隊のヘリコプターが来てくれた。まず、町民が乗り込み、そのあと、入院患者と病院関係者。長い時間、ヘリコプターに乗っていた。予想では川俣方面だったと思う。もう夜になっていて、外の様子は見えなかった。ただ、その場にホバリングをしているのは分かった。しばらくすると行き先を変更すると言われた。行き先は、双葉町民が避難している川俣町ではなくて、仙台の自衛隊の駐屯基地だという。おそらく、はじめに川俣に着いたヘリに乗っていた人たちがスクリーニングで引っかかり、除染が必要になったのだろうとすぐに思った。「あのぱらぱら降ってきた物は、3キロも離れた原発の破片で、髪の毛などに放射性物質がついたんだろうな。」と看護婦で話していた。

44　それぞれの状況　その2

今回も、はじめの2〜4日の、それぞれの「その時」。

☆まだ双葉町内に残っていた人。ひっきりなしにおきる地震のせいで、家がつぶれるかもしれないとこわくて外に出て地べたに座っていたが、原発が爆発したときには、「ぼんっ」とおしりが浮いた。すごい振動だった。それから、静かに何かが降ってきた。

☆原発から20キロ以上離れた南相馬市に避難していた子。「ぼーんっ」て音がした。原発が爆発した音とは分からなくて、あとで大人が騒いでいた。
☆小高区の海が近い福浦小学校の校庭にいたＰＴＡ会長。ものすごい爆発音。その方向をみると、白煙が。「これは原発だ！」と、急いで逃げた。避難しろなど、市からは何の連絡もなかったが、自分たちの判断で、もっと遠くへ！と家族を連れて逃げた。
☆せっかく遠くの町まで避難したのに、原発で働いていた人たちへ電話連絡が入り始める。「もどってこい。」家族は「行かないで。」本人は「みんなと相談する。」避難所のあちこちで、同僚達とどうするか話し合うお父さん達の姿があった。結局、車を見つけて、原発へもどっていった。
☆北陸の方へ出張していた原発で働いている人。地震後連絡が入る。「今から福島に帰ってこられるか？」何人かは「はい。」何人かは「家族の顔を見てから行きます。」
家族の無事を確認してから出勤すると、机の上に「びびり」「逃げた」の落書きが。それを見て、ここではもう働けないと仕事を辞めた。
☆「髪の毛を触らないで。」何日もお風呂には入っていない。おにぎりを配ったり、何かを作ったりするときに、髪の毛には触らないように言われた。髪の毛はとても汚いのだそうだ。
☆普段は勢いよく吠える飼い犬。地震後から、全く吠えなくなった。
☆はじめの頃、あって良かった物、助かった物。
・ほっかいろ（寒かったので、寝るときにも貼りました。）
・カッター（ひもを切ったり、段ボールを切ったり、何かと役立ちました。）

・非常食（お菓子でもなんでも）
・ペン（何かに書くということ、多くありました。）
・携帯電話の充電器（時間をみるにも、テレビを見るにも、携帯は便利。）
・ガソリン（1／4なくなったら満タンにしているのが役立ちました。）
・自宅から持ち出した暖かい毛布
・常備薬（頭痛、かぜ）

45　避難中の思い出

今回は、避難をした人たちの心に残る思い出を。
☆「避難先は10軒を優に超えた。」親戚宅を転々とした。相手に悪くて長居はできないため、長くても1週間で次の親戚宅へ。
☆相馬市方面に避難した人。着の身着のままの避難。車に泊まることにしたが、年寄りを連れているし、ガソリンはないし、寒い！毛布を1枚もらおうと思って相馬市の避難所に行ったら「あなたはどこの町の人ですか？」「浪江です。」「では、何もあげられません。」と。その対応が悲しくて相馬市役所に行ってみた。やはり同じ質問をされ、毛布も何ももらえなかった。同じ相双地方でも、助けてもらえない悲しさ。ものすごくがっかりした。
☆関東へ車で避難した友達。もちろん、いわきナンバー。次の日の朝、タイヤに穴が開いていた。同じく関東へ車で避難した友達。朝起きたらサイドミラーにビニール袋が。「大変ですね。がんばってください。」の手紙と、食べ物が。こちらの人は、だれかに恩返しをして生きていくと話していた。
☆福島県内でも、いわきナンバーの避難者の車の窓ガラスにたくさんのガムが付けられていた。泣きながら、はがした。
☆これも福島県内。ガソリンも、灯油も不足していたあの時。避難先で初めてのお風呂に行けた。そこのオーナーが避難民に聞こえる大きな声で話をしていた。「何で、今までいい思いしていた奴らをみんな助けるんだ?俺たちだって、灯油だってガソリンだってないんだぞ。助けることないじゃないか。向こうに帰ればいい。ここに避難してくるな。」避難者は、みんな、下を向いて無言。
☆今まで泣くのをがまんしていた6年生の子ども。避難先で、小学校の卒業式の見送りを見かけた。笑顔の在校生が作ってくれた花道を歩いている。『本当なら、わたしも友達と卒業式に出てたんだ。』一緒にいた親から離れて、車の陰でそっと泣いた。
☆みんなの視線が痛い。ナンバープレートを見ている。「いわき」だ。駐車場で車の中を覗かれる。興味があるのだろう。布団を積んでいる車を発見!同じ町の人かな?つい、運転手を確認してしまう。「…知らない人だった。」
☆会津若松市内で信号待ちをしていたら、後ろの車の運転手が降りてきて「すみません！道を教えてください！いわきナンバーだから、話しかけました！わたし大熊です！」みんな、心細いんだ。
☆川俣の避難所から、郡山を通って石川郡へ避難。ガソリンが減るのを防ぐため、交通量の少ない夜に移動する。停電のため、街灯も、家の電気も付いていない。こんなに真っ暗な郡山市を見たことがない。とても恐ろしい光景だった。
☆会津地方に逃げる途中、下郷の道の駅にトイレを借りるのに寄った。なんと、音楽が流れている‼うれしくて、娘と二人でその曲が終わるまで立って聴いていた。音楽の力はすごい。一気に明るい気持ちになった。
☆会津地方に逃げた。家が壊れていない。家に電気が付いている。お店が開いている。いつも通りだ！今まで見てきた浜通り、中通りの光景とのギャップに思考回路がついていかない。『今、何の荷物も持たず逃げ回っているわたしたちのこの状況は、夢？』

46　子どもの所在確認の方法

自分が双葉北小↓川俣町武道館↓石川郡浅川町の実家↓南会津の避難所と避難をしている間に

も、担任していた5年生23人と何とか連絡を取ろうと努力をしていました。地震の日には全員が無事であることは分かっていました。その後、どうなったのか、けがなく事故なく避難できているのか心配だったのです。また、外国人の保護者のことも心配でした。何が起きているのか、分からないだろうと。だから、なんとしても、話をしたかったのです。

個人情報保護法があるため、学校で作成する住所録は学校保管となっていました。わたしが財布に入れて持ち歩いていた学級の連絡網は、全員、家の固定電話です。しかし、ちょうど5年生は2月にスキーの宿泊活動がえぼし蔵王でありました。インフルエンザも心配な時期でしたから、何かあったときのためにと、わたしの携帯電話の番号とメールアドレスを保護者にお知らせしていました。また、特設陸上部の顧問だったので、4年生以上の陸上部員にもわたしの情報を教えてありました。お願い!!かけてきて!!

ありがたいことに、「先生の連絡先、宿泊活動の時入れといたんです!」とか、「先生しか連絡先が分からなくて……。うちの子の担任の電話番号、分かりますか?」と何件か電話が来ました。「同じ避難所にいた人が、小野田先生の電話番号知っていると言うからお聞きして電話しました。」と、みなさんも何とか連絡を入れようと努力してくれていました。そのつながった電話から、連絡できていない人の電話番号を聞いたり、もし、会うことがあったらわたしが電話待っていると伝えてほしいということをお願いしたりしました。とても助かったのはスポ少のつながりでした。あっという間に連絡先が判明しました。

おかげで、校長先生から、担任している児童の居場所確認をしてほしいと連絡があった3月中旬から下旬頃、まだ連絡がつかないのは3人だけになりました。

この居場所調査は、下学年は大変だったようです。スポ少にも入団していない。宿泊活動もまだしていない。ということで、連絡先を知っている人が少なかったからです。

47　4月1日埼玉加須市に

双葉北小学校のある双葉町。役場はなんと、福島県を出て埼玉県に行ってしまいました。保護者からも電話やメールで「埼玉に小学校ができるというので、埼玉に行きます。先生も行くのですか?」とか、「仕事は県内なのですが、子どもがみんなと一緒に行きたいというので埼玉へ行きます。」などと連絡が来ました。(結局、埼玉のその廃校には学校を作ることができず、役場と一緒に埼玉に行った保護者の方の中には「だまされた。こんな事なら、こなかった。」とか、「今更県内に戻れなくなった。」という苦情も耳にしました。)

3月の末、校長先生から連絡が。「役場とともに教育委員会も埼玉に行ったので、先生方には常に2〜3人、埼玉にいてほしいと教育委員会から要請が出ている。だから、職員が1〜2週間交代で埼玉県勤務になるかもしれない。とりあえず、4月1日に、埼玉県加須《かぞ》市の旧騎西高校で職員会議をするので来るように。」と。4月から勤務をすることができない場合は、休職するか先生を辞めるかしかないだろうとも言われました。この状況で、仕事も続けられなくなるのかもしれないのか……。やめなさいと言われれば、仕方がないのかな……。「休職か辞職か」とても、さみしい言葉でした。

この頃はまだ、新幹線も運行をやめていました。埼玉県に行くのははじめてです。でも、車で行くしかありません。ナビはなく、インターネットも使えません。本屋さんで、地図を探しました。

主人は、南相馬市の山側にある石神中学校での勤務に戻りました。後で、ホットスポットが点在していると判明した場所の近くです。(勤務に戻ると言っても、住むところはないので中学校の校長室や保健室に寝泊まりしていました。) 義母(82)は体調を崩し入院しました。義父(90)はこの避難で足が弱り歩けなくなりました。その中で、わたしが子どもを置いて単身赴任することはできません。今後の勤務がどうなるか分からないまま、埼玉に出発しました。今回は、避難してから全く会っていない、子ども達の友達が何人か埼玉にいるということで息子と娘も連れて行きました。

埼玉の加須《かぞ》市にある旧騎西高校には、高速道路を使って3時間半かかりました。福島県から通勤するのは無理だなと思いました。高速を降りても、高校までの道が全く分かりません。カンで走っていると、コンビニに「いわき」ナンバーの車。運転手は、双葉町のどこかで見たことのある顔!!この車は、きっと、騎西高校に行くはずだと思って、なんとしても離されないように、見失わないように跡を付けていきました。すると、目の前に騎西高校が!!あった~!!心の中で(ありがとう!!)と叫びながら駐車場になっている校庭に入ると、久しぶりに目にするたくさんの「いわき」ナンバーが停まっていました。そして、ものすごい人数の報道関係者。そして、懐かしい顔、顔、顔!

教育委員会の部屋では、すっかりやつれた教育長さんがお昼を召し上がっていました。「毎日朝と夜は弁当。お昼は菓子パン2つ。こんな暖かい汁物、うどんが出たのは初めてだ。」と。疲れた表情や、話し方から、大変な毎日を送っていることが分かりました。

その後は知り合いを探しに避難所の中をうろうろ。久しぶりに会ったのに、すぐに元通りに話せる知り合いの心地よさがありました。各教室や武道館、体育館にいる知り合いは、みな「避難太り」に困っていると話していました。避難はじめは食べるものがなくやせてしまい、その後はカロリーが高い物やお弁当で太ってしまい……。運動をする気にもなれない……。……難しいなあと思いました。

48　久しぶりに会う面々

4月1日に久しぶりに会う双葉町の教職員。みんな無事でした！この日までのそれぞれの物語。話は尽きませんでした。双葉中学校、双葉南小学校、双葉北小学校とそれぞれにわかれて職員会議が行われました。

双葉町の先生方も全国あちこちに避難していました。まだ居場所が確定していない先生もいらっしゃいました。東京、埼玉、秋田、新潟、そして福島県内……。子ども達の避難も全国区です。国外に避難している子もいました。双葉北小学校全校児童１５０名のなかで、不明なのは４名だけでした。わたしの担任していた5年生（この日からは6年生）23人だけでいうと、４名だけ福島県内に残りましたが、それ以外の19人は県外に避難していました。埼玉、東京、神奈川、新潟、静岡、千葉、愛知、京都などなど…。本当に散り散りです。子どもはもちろんですが、大人だってみんな心細かったと思います。

その職員会議で、決めなくてはいけないことがありました。先生方に、埼玉の加須市、旧騎西高校に常駐してほしいということです。前代未聞の事が続いているこの時期、次々に情報が変わりました。どれが新しい情報なのか、今はどうなっているのかいつも自分自身で気にしていないといけませんでした。
校長先生「だれか、ここに勤務できませんか。」
みなさん「……。」
校長先生「だれかが常駐できない場合は、2週間ごとに交換する事になりますね。とにかく、教育委員会は先生方に子どものそばにいてほしいのだそうです。できれば、同じ人にいてほしいそうです。」
みなさん「今、決めないといけないのですか。」
校長先生「今日です。今です。一度、家族で話し合ってきますか?」
みなさんがこの大きな決断ができないでいるとき、独身の先生が2人、「わたしたちは独り身なので他の先生方より自由です。やります。」と。すると、「わたしも、家族を福島や埼玉ではないところに避難させたので、単身赴任できます。」という所帯持ちのお父さん先生も。これで3人の先生方がやってくれることになりました。この3人は、近日中に引っ越しをしてくることになりました。他の先生方はすまない気持ちでいっぱいでした。ありがとうございます。

49　不信が高まる

この頃までに、相当数の報道関係者に会いました。テレビ、新聞、雑誌など、インタビューされたりカメラを向けられたりすることが多くありました。また、震災後何日かして初めて避難所に新聞が届けられたときは、情報に飢えているみんなが奪い合うように新聞を手にしたのを覚えています。

しかし、報道とはこういう物なのか?真実を伝えていたのではなかったのか?という不信がどんどん高まりました。なぜか。それは以下のような事からです。

・「こんな目にあって大変ですね。」と言われ、「いえいえ、そんなことはないですよ。」なんて答えようものならひどいときには「ちっ」と舌打ちをされたり「そんなこと聞きてえんじゃねえよ。」と言う報道の人がいた。
・ひどいことばかりなので「こんないいことがありました。」と知らせても、「その情報いりません。」
・何とか原発の悪口を言わせようとして、質問をどんどん変えてくる人。
・新聞に載った自分の記事を読んで「こんなにひどく言ってないんだけど。」とがっかりする人がいた。

極めつけは、放射線量が公表されたときです。「公表されているものは、あちこち測って一番数値の低いものだ。信じるな。」と友だちが教えてくれました。友だちの方が、わたしたちに近く信頼できるものでした。それまでにも、国の情報は信じられない物ばかり。川俣の避難所で、枝野さんがテレビで説明していることを、東電で働いていた人が「そんなはずない。」「こんなのうそっぱちだ。」「本当のこと何で言わないんだ。」「まるで分かっちゃいないじゃないか。」と話しているのをよく耳にしました。政治家も、国も、何も信じられなくなりました。

ほかには、警戒区域に窃盗が多く、大変なことになっている家があると、私たち住民は早い時期から知っていました。自分の家が盗みにあったという人もいたのですから、通報を受けて、多分、警察も知っていたと思います。でも、なんの報道もなく、しばらくしてから、本当にしばらくしてから、「治安維持のためにパトロールを強化している。」「盗難は確認できていません。」とテレビで言うではないですか。「安全は守られている。」なんて嘘を堂々と報道していました。ここは日本なのか。こんなに情報操作をしていいのか。本当のことを報道したら国民がパニックになるから教えないんだとしても、ひどい…。不信は高まる一方でした。

正しいことを報道している人もいるのでしょう。被災者たちのことを考えてくれている人もいるでしょう。でも、今回、勉強になりました。「日本でも、情報を鵜呑みにしてはいけない。真実ばかりではない。」ということが分かりました。

50「みんな、どこに行ったんですか」

子ども達の居場所確認をしているとき、ほとんどの方が心配していたことは、みんなが、どこに避難したのかということでした。あの突然の避難指示から、誰とも打ち合わせや相談をすることなく、自分の判断で行き先を考え避難していった町民。その中には同級生、ご近所さん、親戚がいました。一気に散り散りです。だから、みなさん、知り合いの安否をとても気にしていらっしゃいました。

そこで、校長先生に相談しました。「クラスの保護者全員に、クラスのみんなに居場所や電話番号を教えていいかたずねて、了承をもらったら教えてもいいか？」

すると、「学校でやっているというと、他の学年がやらないのはどういうことかとなるのでやっていいとは言えない。でも、自分の責任で、学校と関係ないということでやるなら良い。」と言っていただけました。早速、全員に電話です。みんな即答でした。「教えていいです。」有難いと思いました。

そういえば、この時期、携帯電話に登録していない電話番号からどんどん電話がかかってきました。普段の時なら、「だれだろう？」と出るのにためらったり、2回電話が来てから出たりしていましたが、さすがにこのときは、ためらう事なく、全てにすぐに出ました。そして、その人とつながったうれしさを毎回味わっていました。知り合いも、わたしが担任していなかった保護者の方も、わたしと何とか連絡を取ろうとしてくれていたのです。

私に何ができるだろうと考えて、担任していた23人に手紙を出すことにしました。23人いるのでどうしようか考えて、学級新聞のような形にすることに決めました。パソコンもないので、手書きです。

4月12日に初めて出したお便りに題名を付けました。「双北《ふたきた》の光」。双葉北小学校で学んだ様々な力を持った子ども達が、全国あちこちに散らばっていろいろな輝きの光を放ってほしいという気持ちから名付けました。イメージとしては、日本地図のあちこちに23個の光の輝きがあって、それがいろいろな色で、淡い光、強烈な光、点滅などして輝いているイメージです。

第1号には、あの地震の日、発熱で学校を休んでいた海にとても近い家のクラスメートが無事だったということと、クラス全員の現住所、保護者の方の携帯電話番号やメールアドレスをお知らせしました。それから5円や30円コピー屋さんを探してコピーして、封筒に毎回手書きで住所を書き、その子達のことを思い出しながら手紙を入れる……。このときが、一番幸せな時間だったような気がします。なぜかというと、この作業中に思い出されるのは、懐かしい双葉北小学校の風景、子どもたちや保護者の笑顔、地域の人の笑顔、双葉の澄んだ空気だったからです。

手紙が届いた保護者や子ども達は「みんな無事で良かった。」「本当に散り散りになってしまったんですね。」「親友に電話しました。久しぶりに話せて安心しました。」「子どもが親の携帯を使ってメールのやりとりをして落ち着いてきたようです。互いの無事を再確認し合って安心していました。」と、メールやお電話をくださいました。

このお便りは、この文章を書いている時点で54号。54枚もよく書いたものです。自分を褒めてあげたいと思います。子ども達は学校から帰るとポストを覗くのが習慣になっているとも教えてもらって、続けて良かったなと思っています。

51　4月1日　旧騎西高校で

職員会議では、この日から新しく双葉北小学校勤務になった講師の先生の紹介がありました。福島県内の人事異動はこのとき、しばらくストップ。現状のままということになっていたので、転勤予定だった先生は「またしばらく、よろしくね。」と話されていました。

この職員会議のあと、旧騎西高校に避難してきている子ども達と、旧騎西高校の周辺に避難してきていて、今日先生方が騎西高校に集まるという情報を知って来てくれた子ども達との対面式がありました。先生方は、子ども達と久しぶりに会うのをとても楽しみにしていたのですが、「報道用の対面式」にはうんざりしました。

「先生方はステージに全員上がってください。そこへ子ども達を入れます。カメラはこちらでお願いします。」「ドアを開けたら、子どもたちに入ってきてもらいますから、先生方はそのままで。」などなど誰のための対面なのか、報道関係者のテレビ映りの良いように会わせるのか……。私や子どもは本当にただ「会いたい」だけだったのにとてもいやな気持ちがしました。

ステージに上がった先生方も、（わたしはその場を逃げていましたが……。）どうしたら良いか分からず、子どもに駆け寄っていいのかも分からず……。突然ドアを開けられて「さあ、どうぞ！」なんて言われた子ども達もどうしたらよいか分からず動けず……。とても、気まずい空気が流れました。

でも、担任していた子ども達の顔が見えてからは、そんなことは関係なく「ひさしぶりーっ」「元気だった？」とみんなと抱擁でした。そんなときにも、町の係の人は「そこで止まらないで。」「ステージで待っていてと言ったでしょう。」「話は後にして！」と。もう、本当に興ざめでした。

きちんとしたお別れをしないままだった子ども達とやっと会えました。たった1ヶ月会わなかっただけなのに、何となく顔立ちが変わっている子が多く、苦労したんだなと思わずにはいられませんでした。逃げた場所は違っていても、今日まで味わった苦労は、きっとみんな似ているんだなと感じました。

子ども達だけで150人はいました。そこに保護者の方もいらっしゃいました。先生方も、教育委員会の人も、報道関係者もいました。階段教室の会場はぎゅうぎゅうでしたが、あちこちで笑顔。泣いている人もいました。手を握りあったり、抱き合ったままだったり、べたーっとくっついたままだったり、みんなうれしさを表現していました。

そういえば、普通の生活をしているときに、久しぶりに会った友達や知り合い、保護者に抱擁をすることはありませんでしたが、この時期は、誰彼構わず抱擁、握手がとても多かったのを覚えています。日本人も、こういう表現が自然にできるんだと思いました。みんな、会えたときには本当にうれしかったのです。

52　4月の勤務態勢

先生方は3月23日から、児童の現在の居場所確認を本格的に始めました。電話やメールで居場所を確認して、そこにしばらくいるのか、またどこかに移動する予定があるのか、それらを表にまとめ教頭先生の避難先にコンビニからFAXを送りました。その、電話調査をしている日は勤務日として、それ以外の日は「通勤遮断休暇」ということになっていました。でも、日々子ども達の避難先が変わります。結局は毎日、だれかと電話で「え?どんな漢字を書くの?その地名、なんて読むの?」など話していました。

4月になり、埼玉勤務ではなくなった先生方は、県内の双葉町の拠点地「ホテルリステル猪苗代」に通うことになりました。毎日来なさい!という強制ではなく、はじめは「来れる日には来て、情報交換をしましょう。」というものでした。先生方はいわき市や郡山市、福島市、会津若松市、南会津町から通いました。片道2時間かかる先生もいました。

相双教育事務所の所長さんもわざわざ猪苗代まで来てくださって、「先生方の希望をできるだけかなえてあげたい。県に交渉しているのだが、県も精一杯で、申し訳ない。」と、話されていったときもありました。双葉町の教育長さんも「先生方を何とかしたい。」と本当に一生懸命に力を尽くしてくださいました。

リステル猪苗代の本館3階にある「双葉町対策本部猪苗代出張所」にはいつも3校の校長先生や教頭先生、先生方が来ていました。この2次避難所（ホテルや旅館のこと）になったリステル猪苗代には双葉町民が集められました。そのため、何名かは児童や保護者がいました。ウイングタワーと呼ばれる新館にはエレベーターがあるため、足が不自由な方や高齢者が優先的に入り、スキーなどで長期滞在できる本館の方には、階段しかないので家族が入りました。一人身や二人の人は知らない人と相部屋になっていたそうです。本館は、荷物を置くのもやっと。歩くのもやっとのとても狭い部屋でした。

リステル猪苗代では3食の心配をすることなく、布団もあり、お風呂にも入ることができます。それまでの、おにぎり、段ボールの上に毛布1枚の生活と比べれば、ものすごく生活しやすくなったと言う人もいました。ホテル内で会う子ども達と話すと「ここは暖かいんです。」とか、「こんなに家族と一緒にいたことなかったなあ。友達と遊びたい。」とか、「お家のお風呂より大きいんです。（お風呂は大浴場でした）」と、喜んでいました。子どもは何でも楽しんでしまうなと感心しました。

53　転学先調査

職員会議で、来週からの仕事について話がありました。子ども達の転学先調べです。まだあちこち移動していても、避難先を落ち着かせ、どこかの小学校に入らなければいけません。その、転校先を把握することになりました。

緊急避難だったので、住民票を異動している人はいませんでした。ですから、子ども達は避難先で「区域外就学」をすることになります。それまでにも、保護者からは個別に、学校をどうすればよいか質問されていたので、「双葉町の学校がどこかにできる見通しはないので、避難先の教育委員会に行って、通える学校を教えてもらってください。」と話していました。3月31日の時点で、双葉町の住民が行った旧騎西高校の近くの騎西小学校に通う児童以外で、区域外就学が決まった児童はたったの13人しかいませんでした。その大きな理由の一つに、「お兄ちゃんお姉ちゃんの進学先が決まらない」ということがありました。特に、高校生の子がいる家庭は悩んでいました。

本当は、3月14日が県立高校の合格発表の日でしたが、それは延期になりました。その後、中通りと会津地方は3月16日に、浜通りは3月22日に合格発表がありました。これで、高校2年生3年生と共に、新1年生が、どこの高校に行くのか決まりました。でも、まだ困っています。なぜなら、その校舎が警戒区域の中にあったり、地震や津波の被害者の遺体安置所になったりしていて、本当に通うことができるのかはっきりしなかったからです。もし、通うことができるのなら、兄弟の高校に合わせて中学生や小学生の子どもを連れて行くと考えている人も多くいました。

小野田家にも、この合格発表を心待ちにしていた受験生がいます。そして、うれしいことに原町高等学校に合格しました。もし原町高等学校に通うことができるのなら、主人の勤務先の石神中学校の近くです。主人と息子二人で原町に住むしかないかなと考えていました。ところが、いつまでたっても、どうすればいいか、連絡がなく、わかりません。高校に電話をしても「県がはっきりしない上に、どんどん対処が変わってくるので何とも答えられないのです。こちらこそ、どうすればいいか教えてもらいたいくらいです。」と困り果てていました。高校も、県の判断が遅いことに困っていたようです。県の教育委員会も、前代未聞のこの地震・津波・事故でどうすればよいかすぐに決定なんてできない状態だったのでしょう。それぞれの立場の人が最大限の努力をして、何とかしたいと思っていたことは確かです。でも、この高校が決まらないことには、何も決められない家庭がたくさんあった事も確かです。

54 「教育委員会の返事待ちです」

区域外就学のお願いを避難先の教育委員会に提出したからといって、すぐに通える学校が決まるということではありませんでした。「とても親切にしてくださいました。」「教育委員会に行って申請したら、同じ小学校から来ている人がいますねと、教えたもらったんです。すぐに連絡を取りました！うれしかったです。」と、喜べた人がいる反面、「教育委員会に行ってきたけれど、学校が決まるのは来週だそうです。」「見つけたアパートのすぐそばに小学校があるのですが、4月の半ばになってしまいますが、仕方ありません。」「通っていいですよと言われた学校が遠くて、送り迎えしないと通えないので私は働けません。」「通っていいですよと言われた学校が遠くて、送り迎えしないと通えないので私は働けません。」「友達家族が近くに避難しているので同じ学校に行けたらよかったのですが、違う学校になりました。」など、苦しい思いをした人もいました。

避難した人が多かったからか、「新潟県の対処の素早さ、的確さには驚かされた。新潟は素晴らしい。」と褒める方が多くいました。「新潟中越地震の教訓がしっかり生きている。ついつい福島県の対応と比べてしまう。」と話している人もいました。地震・津波・原発事故と3つの災害に遭っている当事県なので、あれもこれもで大変なのでしょう。でも、同じ町で暮らしていた人が、あっという間に全国に散り、それぞれが情報を交換し合って、少しでも環境のよいところを探していた時期でもありました。ついつい、福島県を他県と比較してしまうのも仕方がなかったと思います。

県立高校の入学式が8日から挙行されていた頃、浜通りの開校できない高校のためのサテライト方式についての説明会が県内各所で行われました。会津地方では若松商業高等学校が会場になりました。集まってきた車はいわきナンバーも多く、懐かしい人と久しぶりの再会もありました。体育館はほぼ満員。避難先の富山県から来たという人もいました。

意見交換の場では、子どもたちの不安を代弁してくれる教師や、今まで情報がなかなかなかったことへのいらだち、本来なら入学式も済ませているはずなのに未だにどうなるかはっきりしない焦りなどが発表されました。

結局、入学が決まっていた高校と連絡を取り合って、サテライトにするか、転学するかを自分たちで決定することになりました。転学する人は、その学校への受験があることも知らされました。ということは、息子は転学する場合には3回目の受験ということに……。

息子は始め、サテライトを希望しましたが、会津若松でサテライトを希望する人が定員に満たなかったため、原町高校から「転学してくれ」と言われました。そう言われても、会津地方の高校を知りません。それで、原町高校の担当者に尋ねて原町高校に近い高校を教えてもらい、その高校の受験を受けることにしたのでした。

結果は合格。入学は1ヶ月弱、同級生から遅れてしまいましたが、大好きなサッカーを続けながら、通学に1時間半かけて頑張って通っています。優しいクラスメートや部員にものすごく助けられていると話しています。

55　家族が引き裂かれている

４月の中旬頃、子どもたちは避難場所を転々としたり、区域外就学の申請をして避難先の小学校に転入したり、アパートやマンスリーマンションを借りて住み始めたりしていました。すぐに帰ることができるものと思っていたのに、そうはならなかったということで、どの家庭も、何とか落ち着いた生活に戻したいと必死でした。なぜなら、家族がそろって暮らせなくなったからです。今まで一緒に暮らしていた家族が離ればなれになる不自然さに、親は少しでも、事故以前の環境にしてあげたいと思ったのだと思います。

双葉町では、お父さんやお母さんが原発で働いている人が少なくないため、私の担任していたクラスでも半数以上の子が、両親のどちらかが単身赴任で事故後、原発へ行ってしまいました。中には、お父さんとお母さん、両方が原発に行ってしまったのでおばあちゃんと暮らしている子もいました。ほかの学年も家族が一緒に暮らせない家庭だらけです。たまに会える知り合いとの会話に出てくるのは「家族一緒にいられるの?」です。そのくらい、たくさんの家族がばらばらに暮らすことになってしまったのです。これは、事故後1ヶ月の４月でも、半年以上たった11月でも変わりません。地震、津波、原発事故で、本当ならお父さんお母さんのそばにいて安心したいという気持ちを抑えて、子どもたちは（もちろん大人たちも）「がまん」に「我慢」を重ねて生活しています。

地震の時6年生で、4月から中学生になった女の子が話してくれました。「お父さんに会社から原発に戻ってこれるかって電話が来たんだってお母さんが言ってて、お母さん泣いてた。テレビでは、原発が恐いことしかやってないから、わたしは行かないでほしいと思ったけど、何も言えなかった。」

来週から原発の仕事に戻ることを決めたお母さんが言っていました。「先生、私決めたの。来週から仕事に戻る。私ができるのは少しのことだけど、子どもたちの苦しみを短くしてあげるためにも、事故が早く落ち着けばいいって思うの。そのためには、今、大人ががんばんなきゃって思う。先生、双北の光通信、子どもが楽しみにしているから、よろしくね。」

原発で働いていて、久しぶりの休みをもらったというお父さんが言っていました。「恐くないわけないよ。線量計はピーピー鳴りっぱなしだし、周りはみんな防護マスクに白い服。できることなら逃げたいね。でも、俺らがやんなきゃ誰がやるんだよ。東電に育ててもらった恩返しだ。それで死んでも、家族はわかってくれる。わかってもらわなきゃ困る。」

これは現実の世界。生きるか死ぬかの会話を保護者としている。あり得ない。このあり得ない世界の中に、未来を生きる子どもたちが巻き込まれている。誰か、助けて！

震災前の双葉北小

マリーゼによるサッカー教室

耐震工事も見学させてもらいました

元オリンピック選手からの体操教室

新聞にも取り上げられたシンクロナイズドスイミング

大熊町の栽培漁業センター見学　この水槽はヒラメの養殖場

全校生で行う収穫祭

学年レクは田植え

56 情報交換に騎西小学校へ

埼玉県加須市の双葉町民が避難した旧騎西高校のそばに騎西小学校があります。その小学校に、双葉北小学校・南小学校あわせて99人の児童が転入しました。それは、普通の転入児童とは訳が違います。地震で家がかたむいた人、津波で家が流されて家がなくなった人、原発の事故で突然避難させられ、苦しい思いをしてここまでたどり着いた人、保護者が原発に働きに行っている人……。

騎西小学校は全校で15クラスありますが、各クラスに少なくて5人。多くて9人の転入生が入ることになりました。担任の先生方も、普段なら一人ぐらいの転入生。そういうときには、早く学校に、クラスに慣れるように目をかけるものですが、今回は、転入してきた理由が、重い。家族構成を聞くのも、重い。転入する人数が、多い。受け入れる側の子どもたちへの説明が、難しい。たくさんの悩みを抱え、「せめて、得意なことや元気が出るようなことを前担任に聞くことができれば、接し方や指導の仕方に役立たせることができる。」というお話をいただき、子どもたちのためになら喜んで!!と北小の先生方が集まることになったのでした。そこで、4月19日~20日に一泊二日で、私たちも旧騎西高校の双葉町民の避難所生活に混ぜてもらって、騎西小学校の授業参観と情報交換、子どもたちとのふれあいをすることになりました。

旧騎西高校は、福島から高速道路を使っても3時間半ほどかかります。埼玉県加須市が福島から遠いので、県内の避難先が近い先生方は連絡を取り合って一緒に行くことになりました。遠い県外への招集ですから、行き帰りの時間がかかるということで旧騎西高校には午後1時頃集合、次の日お昼前に解散ということになりました。大変なときですから、いつもにも増して、無事故無違反を心がけて埼玉に出勤してくださいとのことでした。道中の3時間半、行き帰りで7時間あっても話は尽きることはなく、次から次へと、避難したときの物語や現状への不満、今後の生活への不安などを話していました。

埼玉県には双葉町民以外にも避難して行き、転入した子がいます。そこで、決断の早かった埼玉県。「この非常事態です。福島県の先生を、埼玉県で採用します！福島の先生方のこれから先は、どうなるかはっきりしていないそうですね。よかったら、簡単な面接程度で若干名採用します。埼玉の先生になりませんか。」と考えているということも紹介していただきました。埼玉県の動きの早さに感激したのを覚えています。

57　廊下にいるいる、双葉の子

５校時目の授業参観の前、子どもたちは双葉の先生が来ると知っていたのでしょうね。廊下をうろうろしたり、教室のドアから首だけ出して廊下をのぞいていたりしていました。みんな、「○○先生！」と寄ってくるのではなく、照れくさそうにしています。でも、『先生～、私はここにいますよ～。』という感じにわざと近くを通り過ぎたり、奇声を上げたり、教室の前のドアを出て後ろのドアから入ったり、新しくできた友達を連れて遠くから「あれね、双葉の先生なんだよ。福島から来たんだよ。」と説明したりと、アピールはどんどんしていました。

私は６年生の授業を参観しました。６年生には双葉北小学校から５人、双葉南小学校から５人のあわせて10人が転入していました。授業が始まってすぐ、突然の先生紹介がありました。急に振られたので焦りましたが、担任していた子どもたちにいつも「何にでも挑戦しろ。失敗もたくさんしろ！」と教えていたのに、ここでモジモジしたらいけない！明日から騎西小学校の子に「あの先生だったのお？だいじょーぶー？」なんて、子どもたちが肩身の狭い思いをするのもまずい!!と考え、堂々と（実は心臓バクバク）自己紹介をしました。双葉の子も、騎西小学校の子もうなずきながら真剣にきいてくれ、一件落着でした。

授業後に情報交換をしました。私の担任していた子の得意なこと、苦手なこと、がんばっていたこと、仲がよかった友達が今どうしているかなどを伝えました。先生方は、その時、どこまで突っ込んで聞いていいのか手探りの状態でした。旧騎西高校での共同生活について、食事や勉強はどうしているのか、家族で自由に話をできるプライバシーは守られているのか、何かルールは決まっているのかなど、気になっていることを聞けずにいたそうです。……その気持ち、わかります。子どもたちは学校へ通い始めたといっても、精神状態はものすごく不安定だったからです。

58　子どもたち、避難所での悩み

高学年の女の子は、お母さんにいろんなことを話したいと思っても、甘えたいと思っても、同じ部屋（教室）には、双葉町でご近所さんだった同じ地区の家族が仕切りもなく12～15家族集まっています。人の目がありすぎて、何も話せなくなったと言っていました。生活も、お年寄りの朝は早く、いつまでも寝ているわけにはいきません。なぜなら、引いている布団をたたまないと教室を出られないからです。教室の入り口側に自分たちの場所があるので、教室内の誰かが起きたら自分たちの家族が起きないとみんなの迷惑になってしまうということでした。「ゆっくり寝てみたいな。」と話していました。

「私、どこで着替えればいいの？」中学生の女の子の切実な悩みです。避難所にはお風呂もありません。バスで郊外の温泉（一人５００円、家族5人なら1回で2，５００円）に行くしかありません。自分の居場所は、地区の人と一緒に寝泊まりしている普通の教室です。仕切りなどはありません。着替えだっておならだって、人がいないところを探すのです。トイレは全部和式。体調もおかしくなるでしょう。しばらくして、段ボールでできた一人用の更衣室（お店の試着室のようなもの）が廊下に設置されました。

「勉強がしたいと思っても、始めはそういう場所がなかった。今は一つの教室を勉強部屋として子どもたちにもらえたけど、みんなうるさくて勉強にならない。自分のいる部屋ではもちろん勉強はできないし。」と小学生の女の子。中学生や高校生は本当に大変だったと思います。

避難所でインフルエンザにかかりましたと男の子が教えてくれました。ゴホゴホしている人がいるなと思ったらインフルエンザで、自分もかかってしまったそうです。避難所にはたくさん人がいたので、これ以上広まったら大変だと入院したそうです。「インフルエンザにかかった後、なんか、疲れちゃって。」と体力が落ちたことを心配していました。

「避難太りです。」部活に一生懸命だった女子。鍛えられて、引き締まっていたのですが、動かない、動けない、お弁当、菓子パンの生活でどんどん太ってしまったと。「体重計があったら量ってみたいけど、数字みたら泣いちゃうかも！」と、女子中学生らしい心配をしていました。

59　大人たち、避難所での悩み

「今までのように叱られなくなったのをいいことに、抑えが効かなくなってきました。」活発な男の子を持つお母さんが話していました。同じ町民が同じところに集まっています。今までなら道などで会って「今日は暑いですね～。」ぐらいの会話でにこにこできていたご近所さんが、同じ部屋（教室）で仕切りもなく暮らしています。子どもを大声で叱りたくても、注意したくても周りの目があります。それでもたまらず叱ると、周りから「いいんじゃないの?子どもなんだから。」と言われてしまいます。『わるものは、私?』親なのに、子どもを叱れず、みんなの前ではぐっと堪えているそうです。そしてエスカレートしていく我が子。悔しくて、苦しくて……。

娘の様子がおかしい。「いつもと違う」と母親のカンが言っています。何かあったのかと聞いても「別に。」としか答えません。そんなときは、二人で車に行くのだそうです。誰にも聞かれない安心感で、素直に話をしてくれるのだそうです。でも、車の中だけがいつもの娘に戻れる場所なら、ほかでは?そう考えて、早くこの避難所を出たい。家族だけで住むところを探していると話していました。

双葉にいる頃なら、夕方暗くなる前に「小学生の皆さん、おうちに帰る時刻になりました。交通事故などに気をつけてお家に帰りましょう。」と町内放送が流れました。避難してからはもちろんありません。夜の7時になっても、8時になっても、避難所にいる友達同士で一緒に行動し、家族の元に帰ってきません。自分の子だけでも戻ってくるように言うと、「子どもにもつきあいがあるんだよ。」と、双葉にいる頃なら言うはずもない文句を言ってきます。ここで普段の生活なら、大人だって負けていないのでしょうが、言い返せない自分が腹立たしいと言っていました。

どんどん心が荒れていく子どもたちを注意できない大人たち。そこで、頼まれたのが先生です。朝から食事指導、一緒に集団登校して、日中は普通の仕事。帰ってくれば、宿題などの勉強の面倒をみて、夕飯時の食事指導、その後も自由はなく、校舎内外を回って生徒指導……。消灯の9時になってやっと自分たちの寝る場所の理科室（実験台と実験台の間の隙間に段ボールを敷いて、段ボールで屋根を作って寝ていました。）に帰れます。気を抜ける時間はなかったと話していました。

60　旧騎西高校での避難所生活

子どもたちと同じ旧騎西高校に泊まった夜。はじめ女性の先生方4人だけでも、避難者でいっぱいなので、泊まる場所はないと言われました。男性の先生方と理科室でもよいと言ったのですが、「寒いですし、女性ですから。」と。普通の避難所は男女関係ありませんし、寝返りができないほど自分のスペースが狭い上に、目を開けると目の前に知らない人が寝ていることが多くあったので、今回はとても気を遣ってくださったと思いました。そして、倉庫になっていた部屋を片付けて、そこで休ませていただきました。しかし、どの教室でも同じですが、とにかく、狭い。人口密度が高い。どんなに布団を敷く向きを変えても、両端が10㎝ずつ重なってしまうのです。でも、避難所で布団に寝ることができるなんて幸せです。

夜は9時に各教室消灯です。ほとんどの教室がぴったりと時間を守り消灯していました。廊下から聞こえるのは赤ちゃんか幼児の泣き声だけでした。「やっと今日が終わった。」と寝ようとしたら、結構大きな地震が。学校で揺れる……。あの日のあの教室を、子どもたちの顔を、双葉の町並みを一瞬で思い出しました。その時の震度は4あったのですが、震度6強を体験した私たち。「このぐらいじゃつぶれないいね。お休み～。」と、すぐに寝てしまいました。

朝、6時から7時は、小学生中学生高校生が食堂を優先的に使うことができます。朝ごはんは、冷たいお弁当か、昨日のお昼の残りの菓子パンでした。お味噌汁だけは、双葉北小学校の給食のおばさんだった方が作ってくださっていました。お弁当は、贅沢は言えない立場ですが、大人でも残さずに食べるのは量・質共に大変なものでした。子どもが好きそうなおかずはほとんどなく、お弁当を受け取ってもほとんどを残してしまう子がとても多くいました。はじめからお弁当を受け取らず、昨日の残りの固くなった菓子パンをかじっている子もいました。これは、土日も関係なく変化はないので子どもたちは300円親からもらって、近くの牛丼屋に行きたがるそうです。「温かく柔らかいおかずとご飯に飢えている。」とそばのテーブルに座った保護者が教えてくれました。

その朝ご飯も、親と一緒にいるよりは、子ども同士で固まっていました。いろいろなこと（野菜を食べなさい、好き嫌いしないで、食事のマナーなど）を教える人がそばにいません。これでいいのかと不安になりました。

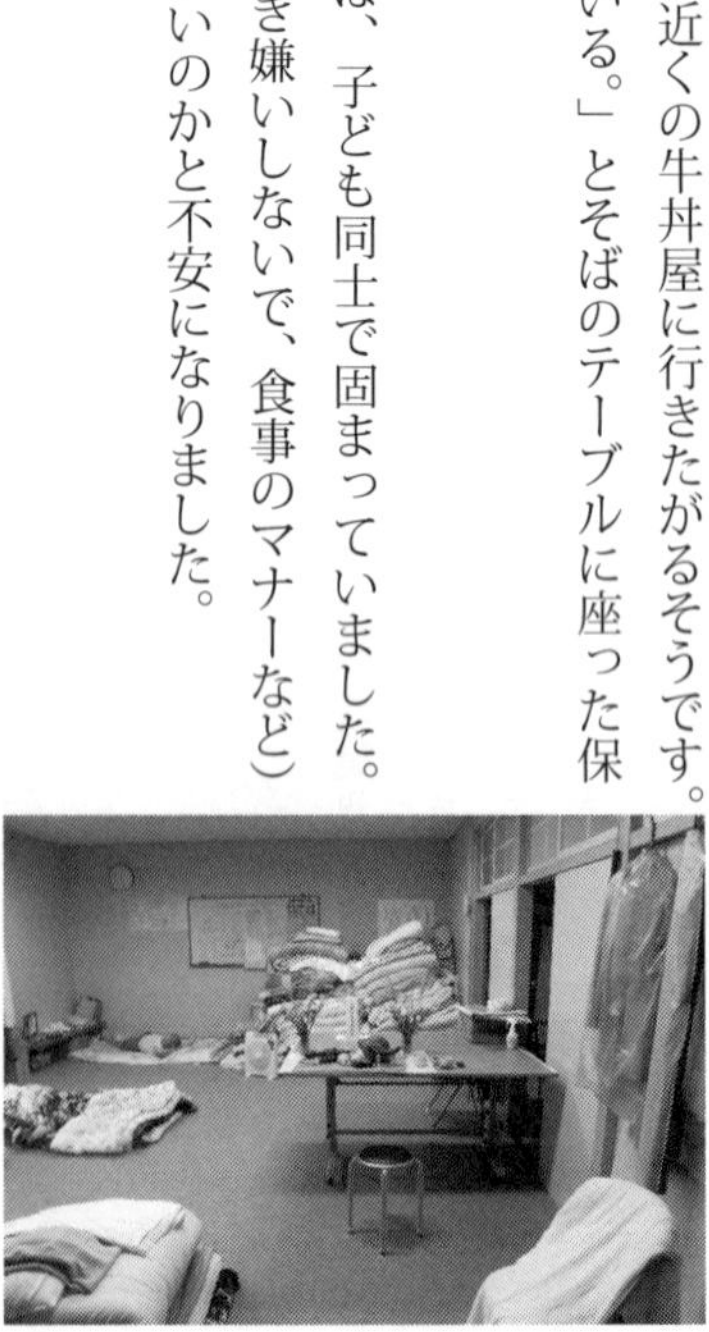
松の下集会所の様子

61　登校を渋る子どもたち

子どもたちの朝ご飯が終わってから、子どもたちの通学路を知りたいと、旧騎西高校から騎西小学校まで100名近くの子どもたちと一緒に先生方みんなで歩きました。

待ち合わせの場所に、部屋で泣いていて来ない子。来ても「やっぱり学校行かない。」とぐずる低学年の子。泣いた顔をした子の手を引いて来るお母さん……。登校するためにに出発するまでも大変でした。約100人の行列です。学年ごとに色の違う帽子をかぶり、全国から集めていただいたランドセルを背負っています。

実際に歩いてみると、双葉町を通る国道6号線より交通量がとても多く、さすが都会に近い場所。トラックも多く、結構みんなとばしています。歩道はありますが、「小さい子は恐いだろうね。」と、先生方は感想を話していました。

道中、この震災の混乱期に小学1年生になったばかりの子が、「このランドセルピンクでしょ。おじいちゃんに買ってもらったのはお家にあるの。赤色なの。サンプラ(浪江町のショッピングセンター)で買ってもらったんだよ。これは誰かからもらったんだけど、おじいちゃんのランドセルがよかったなあ。」と話しかけられました。すると、そばを一緒に歩いていたおばあさんも「ランドセルな、一回は孫に買ってやったんだ。みんなして店に見に行ってな、それは喜んでな。でもな、持ってこれないんだよ。仕方ないから、ここのそばのお店で買ってやったんだ。それで孫も喜んでくれたけど、私もうれしかったんだ。」と、とても静かに、さみしそうにうれしそうに困った顔で教えてくれました。

10分ほど歩いてやっと学校につくと、せっかくここまで歩いてきたのに「いやだー!帰るー!離せー!お母さーん!」と泣き叫ぶ子がいました。これまでも、ほぼ毎日暴れているのだそうです。大変だと思ったら、騎西小学校の先生が「毎朝なんです。担任がそばにいてあげると落ち着くんです。もうすぐ担任が来ますから大丈夫です。」と教えてくれました。ずっと見ていたら、本当でした。昇降口まで来てくれた担任の先生が「○○く〜ん、おはよう!さあ、教室に行こう!!」と言うと、その子はその先生にぴたっとくっついてシューズに履き替えたのでした。不安で不安で仕方がなかったのでしょうね。こういう感情を出せる子がうらやましいと思う子も、いたのでしょうね。

もちろん、学校に行っていない子も多くいます。日中避難所にいても、ゆっくり寝ていたり、お母さんに甘えたりすることもできず、自分の居場所がないという感じでした。

朝の子どもたちの登校の様子を見た後、旧騎西高校に戻りましたが、先生方の足取りはとても重い物でした。３月11日のあの時にはその子たちの担任でしたが、今その子どもたちには、違う学校の担任の先生がいて一生懸命力を尽くしてくれている。自分たちはどういう立場なのか、どうすればいいのか、このまま双葉北小学校の先生なのか…。答えはないままです。今回の埼玉訪問で、多くの先生方の気持ちの区切りもついていないことがよくわかりました。

そして、また、知り合いのみなさんとしばらくお別れです。それぞれが避難している土地へもどります。自分を見失わずに過ごさなければなりません。またいつか会えると分かっていても、別れは、毎回、悲しく、つらいものでした。

62 「学校に行きたがりません」

4月中旬、メールや電話で連絡を取り合っていた保護者から、子どもが学校に行きたがらなくて困っているという相談を多く受けるようになりました。

私の担任していた23人。その中で、このころ福島県内にいたのはたった4人でした。それ以外の19人は県外に避難しました。そして、最高学年としてその避難先の学校にお世話になることになった子どもたち。双葉北小学校の5年生の時に、6年生になったらあれもやろう！これもやろう！こんなこともやってみたい！僕らならこんなことができるはず！と意欲満々でした。6年生になることをとても楽しみに待っていました。学校全体を見渡して、最高学年になったら任される様々な場面の「夢」を持っていた子どもたち。それが……。力を合わせてがんばるはずの友達もいなくなりました。そして、たくさんの「夢」もなくなりました。

避難先で、転入が始業式に間に合った子たちも、しばらくはがんばって、我慢して何とかして登校していたのですが、半月で力尽きたような感じを受けました。

子どもたちが言うには、「どうしてここにいるの？」「いつまで我慢すればうちに帰れる？」「放射能はうつらないのか友達に言われた。」「なまりがわからない。」「アクセントが違うって言われた。」「新しい友達はできたけど、双葉の時の友達が本当の友達。」などなど。

このころは、原発も落ち着かず、すぐに帰宅できるのか、できないのか、放射能ってなんなのか、心配ないのか、この避難場所にいていいのかなど、大人も迷いに迷っている時期でした。そんな大人の心配が、子どもには見せないつもりでいても伝わっていたのかもしれません。感受性の強い子どもたち。「学校に行きたくない。」とぐずる6年生がぐんと多くなったのでした。私も本人と電話で話したり、メールのやりとりをしたり、手紙を書いたりして何とか学校に行ってもらいたいと思う反面、『この感情は当たり前だと思う。焦らないでしばらくゆっくりしてもいいと思う。お父さんやお母さんに思い切り甘えて心を落ち着かせれば、いつか、学校に行くようになるんじゃないか。』とも思っていました。子どもたちや保護者の方の話を聞くことしかできないことがとてもつらく、全員に直接会って話をしたいと強く思っていた毎日でした。

63 4月 先生方は……

宙ぶらりんのままの先生方。県内にいる双葉の先生方はリステル猪苗代に通っていました。福島から。郡山から。いわきから。田島から……。片道2時間かけて双葉町災害対策本部猪苗代出張所（本館2階）に行っても、何の新しい情報もないという日の方が多くありました。先生方はもてあました時間で何をしていたか…。

・パソコンの練習↓何もかも家や学校に置いたままなので、新しいパソコンを購入し、エクセルやパワーポイント、様々な機能を使いこなせるように練習していました。

・新聞の熟読↓奥さんの実家に居候している方。奥さんの勤めていた学校は場所を変えて再開したので仕事に行ってしまいます。子どもたちは学校に通い始めました。自分だけ一人残ってしまい、ご両親の『おまえは何をしているのだ?』の無言の視線が気になり、ゆっくり新聞を読むこともできず、一人だけ2階にこもるわけにもいかず、とても遠慮して過ごしているということでした。

・インターネットで情報集め↓地震について、原発について、放射能について、行方不明者について調べていました。そして、共有できる情報はみんなへ知らせていました。

・電話の取り次ぎ↓先生方のいる部屋は双葉町の役場の方々がいる災害対策本部猪苗代出張所です。ここには電話が引いてあってよく電話がかかってきました。町民からも、取材の申し込みも。たまに、役場の方が誰もいらっしゃらなくなるときがあり、そんなときは電話に出て、わかることならその場で答えたり、わからない場合は折り返し電話をかけられるように連絡先を聞いたりしていました。

・「双北の光」作成↓私が知っている情報を子どもたち&家族向けに手紙に書いていました。大学ノートに記事を手書きして、コンビニのコピー機で人数分コピーして、折って、封筒に住所を書いて、切手を貼って出していました。コピー代も封筒代も切手代も自腹でしたが、そんなこと気になりませんでした。（この手紙が回を増していくと、保護者の方から「使ってください」と、子どもが喜びそうなアニメの柄の切手や、避難先の珍しい切手、封筒などが送られてくるようになりました。とてもありがたく使わせていただきました。）

64 兼務辞令が出るらしい

そんなある日、「兼務辞令」が出るらしいという情報が入ってきました。先生方ははじめ「兼務辞令」とは、なんなのかよく分かりませんでした。簡単にいうと、今まで勤めていた学校が放射能の関係で避難区域に指定されていてその場で開校できないため、違う学校で仕事をするということです。兼務するにも条件がありました。

①本務校は双葉北小学校。
②その本務校の児童がお世話になっている学校へ行く。
③兼務校に行ってからは、本務校が招集する場合、教育長同士で了解を得てからに限る。
④兼務校では、兼務校の校長の指示に従って仕事をすること。
⑤本務校がどこかで開校する場合は、兼務を解かれて本務校にもどること。

などです。

双葉北小学校には、管理職2人、教諭7人、養護教諭1人、事務職員（講師）1人、ALT1人、時間講師1人、特別支援講師1人、司書1人、用務員1人、給食4人の20人がいました。講師だった方3人と、司書、給食3人の7人は仕事を辞めました。給食の1人と用務員さんは埼玉の双葉町役場のお世話をすることになりました。教諭の2人は騎西小学校勤務。イギリス人のALTは騎西小学校や幼稚園に勤務。残るは、管理職2人と教諭5人と養護教諭1人の8人です。

4月の末までに、県北に2人、県中・いわきに1人ずつ兼務校が決まりました。連絡が来た先生方が、その兼務校に電話連絡をしたところ、学校に応じていろいろな違いがありました。

「すべて、算数のT．T（チームティーチング）でお願いします。」「あなたが来てから考えますよ。」「午前中は本校のT．Tで、午後は近くの学校を訪問していいですよ。」などなど。一番驚いたのは、「兼務の先生が来るとは聞いていません。何かの間違いでは？」でした。これは結局、間違いではなかったのですが、これで、県教委も事務所も大変だったんだなと思いました。そうですよね、県内に何百人もの兼務の先生がいるのですから。

そして、いつまでも決まらない先生方もいました。これは、その町の先生

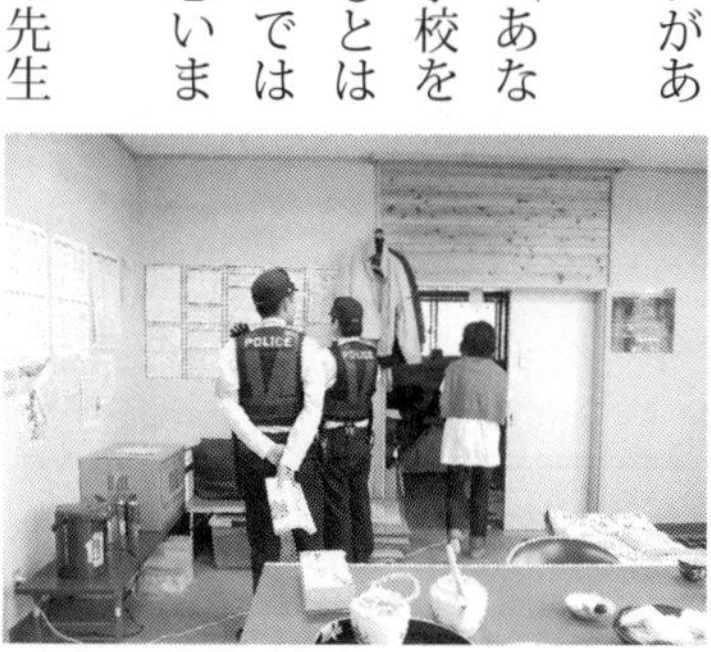

三重県と高知県からの警察の方々が南会津担当をしてくれた

として残るのではないかと噂が回ってきました。わたしはその決まらない一人でした。

65　4月の双葉郡の学校の様子

福島第一原子力発電所から半径20㎞以内は警戒区域（入ると法的に罰則がある）に、放射線量が高い地域は計画的避難区域（罰則はない）に指定されました。その区域内で学校を開校することはできません。どのくらい学校があったかというと……。北から

〔市町村名〕	〈小〉小学校（児童数、教職員数）	〈中〉中学校（生徒数、教職員数）
〔南相馬市〕	〈小〉小高（383、33）福浦（105、14） 金房（143、16）鳩原（65、12）	〈中〉小高（382、36）
〔浪江町〕	〈小〉浪江（550、39）大堀（157、14） 苅野（174、12）請戸（93、19） 幾世橋（122、12）津島（55、16）	〈中〉浪江（389、33） 浪江東（179、19） 津島（31、16）
〔双葉町〕	〈小〉双葉北（152、20）	〈中〉双葉（208、22）

	双葉南（190、23）	
〔大熊町〕	〈小〉大野（415、36） 熊町（330、28）	〈中〉大熊（366、37）
〔富岡町〕	〈小〉富岡第一（411、29） 富岡第二（516、28）	〈中〉富岡第一（258、23） 富岡第二（291、27）
〔楢葉町〕	〈小〉楢葉北（272、23） 楢葉南（156、18）	〈中〉楢葉（252、28）
〔川内村〕	〈小〉川内（109、18）	〈中〉川内（54、17）
〔飯舘村〕	〈小〉草野（148、16） 臼石（59、12） 飯樋（130、13）	〈中〉飯舘（ー、20）
〔葛尾村〕	〈小〉葛尾（68、14）	〈中〉葛尾（42、14）

～人数は、教育関係者名簿から～

これらの学校は放射能の影響で、自分の学校で開校できなくなりました。昨年度の人数でいうと、小学生5，094人、中学生2，161人、教職員757人が突然ちりぢりになったのです。

はじめは、自力であちこちに散らばって避難していた双葉郡内の人たちも、役場機能が県内の市町村に移転したという情報から徐々にその周辺に集まっていく動きが多かったようです。みなさん、心細く、不安だったんですね。

66　4月の双葉郡の先生方の様子

ちりぢりになった双葉郡の人達。そこの子ども達や教職員。自宅へは戻れず、避難所や親戚の家、奥様の実家、マンスリーマンションやアパートなどをかりて住んでいました。また、遠距離通勤者はかなりの人数いました。

双葉町の先生方も片道2時間ぐらいかけていく勤務地になった先生や、高速道路を使っての通勤になった先生が多くいました。いくら交通安全に気をつけていても、慣れない道路、知らない道に精神面で苦しみました。

また、一番つらかったのは、小学生や中学生、幼稚園の子ども達だけ、放射線量の少ない会津地方や県外に祖父母とともに避難させ、自分たち両親は浜通りや中通りに勤務し、土日だけ子ども達に会いに行くというお母さん先生と子ども達でした。「小学5年生の娘が、夜になると、泣きながら電話をよこすの。」「一人暮らしをさせている高校生の娘が、フライパンでやけどしたの。大丈夫かしら。」「おばあちゃんが同じ事何回も言うってお兄ちゃんキレてる。」など、平日に電話で話したことを、職場でつらそうに話すのです。聞いている私達も、(子どもが、親と一緒に住めない国でいいのか！）ととても頭にきていました。この状態を、国は、政治家は、県は、知っているのか！遠い国の話とでも思っているのだろうなと、本当に悲しくなりました。

県内や県外の学校に、被災した子ども達がお世話になることになりましたが、親の仕事の関係、避難場所を変える、見つかったアパートが遠い、高校生の行く高校が決まったのでそのそばへ行く、連絡がついた親戚家族とそばにいたいなどの理由で転出、転入が頻繁になってしまいました。受け入れる側の学校は、そろそろ終わりかと思っていてもまた転出。今度こそ終わりだなと思っても、また転入などが繰り返されました。また、ほとんどの家庭が「転校」を経験したことがありません。手続きなどが分からずに、突然いなくなってしまったり、子どもには転校することを話さないでいて突然引っ越してしまったりする家庭もいました。そんなことが重なって、いつまでも落ち着かない児童の異動に「いい加減にしてくれ!」と、やり場のない怒りを出す教頭先生方は福島県内に多くいました。申し訳ないと思っても、どうすることもできないもどかしさがありました。

突然の転校や、繰り返される転校、転入転出がはっきりしないでイライラしている現場などの様子を耳にするたびに、子ども達がかわいそうになりました。そして、この状態がいつまで続くのか、だれか教えてくれ!とも思いました。

67　5月に入ってから…

全員の先生がどこかの学校の兼務にはなりませんでした。いつまでも勤務先が決まらないでいた先生方にお知らせがあったのが5月11日。「双葉北小から2人、双葉南小学校から3人、双葉中学校から3人のあわせて8人は、リステル猪苗代が勤務地になります。」……「えっ?リステル猪苗代って?ここに避難している児童の面倒をみるということ?避難者のお世話をするということ?ここで働く?ここの役場の手伝いをするってこと?」……………どれも違いました。

「双葉町災害対策本部猪苗代出張所と同じ部屋で、学校の残務整理をする。」ということでした。残務とは?

・給食物資の支払い
・給食会計
・給食会計残金返金
・学級会計未払いのもの支払い
・学級会計簿
・学級会計報告書作成
・卒業アルバム、写真注文関係
・児童転出関係
・新1年生一時預かり金返金

・PTA会費
・PTA会費残金返金
・PTA会費報告書作成
・出席簿
・出席統計
・通信簿
・要録
・健康記録簿整理
・児童転出関係

などなど

これらを、各学校2～3人で行うことになりました。北小は、教諭と養護教諭。それに、午前中は猪苗代教育委員会に兼務で勤務する教頭先生が、午後には来てくれることになりました。南小は教諭2人と事務。一番大変じゃないかと思ったのは、中学校です。事務と養護教諭と給食の栄養士の3人で、教諭が一人も残りませんでした。普段やったことのない仕事ばかりなので勝手が分かりません。本人もみんなも心配しました。それで助け合いながら仕事を進めました。

また、残務整理だけでなく、ホテルリステル猪苗代に避難してきている双葉の子ども達の生活や、その子達が通う小学校・中学校への支援。また、全国に散った（何名かは海外）子ども達への情報発信などの仕事もすることになりました。

68　何から手をつけようか

残務整理をするという目標ができました。すぐにでも取りかかりたかったのですが、書類はすべて警戒区域内の学校の中です。だれかが取りに入らないといけません。

学校に入るためには、公益立ち入りの許可申請を出して、許可が下りないと行けません。放射線量の関係で、学校にいられる時間は最長1時間です。また、原発から5㎞以内にある事業所は、放射線管理者も同伴し、持ち出すものの放射線量を全て測り、規定値以内のものだけを警戒区域外に持ち出す事になっています。いろいろ制約がある中での一時立ち入り。健康面への影響もはっきりしません。そこで今回は、校長先生が「年齢順にする。」としました。その結果、第1回目の双葉北小学校への立ち入りは校長先生、教頭先生、養護教諭の3名と決定しました。そこで双葉町へ学校への公益立ち入りの申請をしましたが、許可が出たのは6月のはじめでした。

5月10日付けで福島県教育委員会教育長から出された「東日本大震災に伴い学校以外に勤務場所を変更する教職員の勤務等の取扱について」という文書に書かれていたことです。

1　勤務場所

町の教育委員会が県の教育委員会と調整し、新たな勤務場所の指定を職務命令により行う。

(双葉の場合は、この場所がリステル猪苗代)

2　職務の内容

①他の学校へ転学または区域外就学した児童生徒に対する支援

②県内外に避難した児童生徒の保護者等からの悩み相談

③県内外に避難した児童生徒への連絡

④自校ホームページ等を活用した情報提供

⑤学校再開に向けての準備、連絡、調整

⑥兼務校に勤務を命じられた教職員の連絡、調整
⑦事務職員は、上記の①〜⑥以外に、原籍校所属教職員の給与事務
⑧栄養職員は、上記の①〜⑥以外に、周辺校の食育指導

3　その他

週に1回、計画書と勤務状況を町の教育委員会に報告すること。

これをもとに、リステルでどんな仕事をしていくかをみんなで考えました。

69　職務内容についての話し合い

5月17日。埼玉の旧騎西高校から教育長や教育指導員などがいらして、先生方と職務内容についての話し合いが行われました。県から出された文書と照らし合わせて考えました。

（1）他の学校へ転学または区域外就学した児童生徒に対する支援
・猪苗代町の小中学校へ転入した児童生徒数（5／13現在44名）
・長瀬小、千里小、猪苗代小、東中に訪問する。

・リステルに居住している児童生徒名の確認。↓毎日役場の受付で確認する。
・リステルに居住している児童生徒の緊急連絡網整備
・ホテル内での生活指導
・図書室、学習室の整備、使い方の決まり作成
(2)県内外に避難した児童生徒の保護者からの悩み相談
・不登校などの悩みを抱えた保護者への家庭訪問
・悩みの度合いの大きな児童への学校訪問や家庭訪問
(3)県内外に避難した児童への連絡
・はじめは郵送で現状を知らせる。
(4)ホームページ等を活用した情報提供
・双葉町のホームページを使用する。
・アンケートを行い、その結果を公開する。
(5)学校再開に向けての準備、連絡、調整
・現状では難しい。
(6)兼務校に勤務を命じられた教職員の連絡など
・先生方の様子、子ども達の様子をリステルで集約し、先生方に知らせる。担任から連絡の必要がある児童には担任から連絡を入れさせる。

誰か侵入した形跡あり　開いている北小

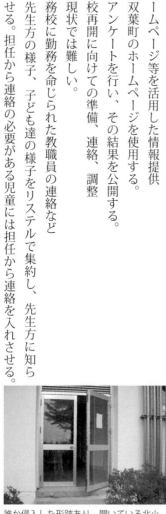

この時点では、まだ先が見えず、何をどのように行っていけばよいかも分かりませんでした。こんな事をしたいと思っていても、実現できないものもありました。

70　事務の先生と栄養士の先生は……

事務の先生は……

①兼務の教職員について

・兼務発令教職員の関係書類の送付

・3月後半分　旅費支給事務（伺・復命書の回収、旅費命令書作成提出）

・4月分　旅費支給事務（事務所の指示待ち）

・3～4月分勤務整理、諸手当の支給確認

・兼務発令までの福利厚生事務

・兼務発令校の事務担当者との連絡調整

②管理職・県外派遣教員について

・旅費支給事務以外の給与事務、福利厚生事務を、各校管理職と教育事務所の指示を受けなから従来通り行う。

③リステル勤務職員について

・管理職、教育事務所の指示を受けながら従来通り行う。

栄養職員は……

①周辺校（長瀬小、千里小、猪苗代小、東中）の食育指導

②平成22年度の残務整理

③猪苗代の各小中学校の、給食のない日の弁当の手配（お弁当を作れないため）

④平成24年度の学校再開に向けての幼稚園の献立打ち込み

ここまで、決まりました。２人の事務の先生方は、次々に対応が変化していくため、同じ事を何回も行ったり、やり直したりして大変でした。朝一番に出勤し、夜は9時過ぎまでぶっ通し仕事をし続けていても終わらない仕事量で、一番余裕がなかったように思います。大変なのは分かっていても、仕事の内容が分からず、手伝えないことばかりで申し訳なかったと思っています。

また、先生方が仕事をするために必要なものが、何もかもありません。最低限の事務用品がほしいと要望しましたが、これも、学校に立ち入りした際、各学校から持ち出してくることになりました。

他には、どこかへ連絡を取るときなど、ずっと先生方が個人の携帯電話を使っていました。それで、1台でいいから電話が欲しいとも要望しましたが、これは少し待ってくれということでした。

71　リステル職員室開設

実際に先生方が集まって仕事が始まったのは5月16日でした。会津若松市と、南会津町、三春町に避難している3人以外の避難先は相馬市、いわき市、埼玉県などで、リステルに通うことができません。それで、通えない先生6人は、平日リステルに泊まり込むことになりました。単身赴任です。その中のお母さん先生は4人。休み時間にはお子さんの話をすることが多く、被災後の一緒にいたい時期を離れればなれになるつらさを感じていました。

はじめの週には何もないバレエスタジオを仕事のできる環境に整えました。

長机、イスなど、どんなものでも部屋から部屋へ移す場合はリステルのフロントにいる社員の方にお願いをしなくてはいけませんでした。指示を聞かず、借りた物を違う部屋に持って行ってしまったら大変です。このリステルの方にものすごく、ものすごく大きな声で怒鳴られ、叱られました。大人なのに話し合いではなく、注意ではなく、怒鳴られる、ものに当たられるという容赦ない部分に、学校との違いを感じました。

役場の災害対策本部猪苗代出張所とは、移動黒板で仕切るだけでした。先生方はもともと声が大きく、普通に話していても大声に聞こえてしまいます。静かに過ごすのはとても大変でした。普通に話していたつもりでしたが、「声がでかいんだよ！」と役場に用事があってきていた方に怒鳴られました。掃除機をかけたら、「勤務時間中に掃除をするな！」と、これまた役場に来ていた方に怒鳴られました。勤務時間中に、子どもたちと一緒に清掃をするのは当たり前でした。でも、普通の会社はしないいんだな……と分かりました。……大人でも、怒鳴られると落ち込みます。怒鳴る前に、普通に話して注意してくれればいいのになあ、なんて甘いことを考えました。そして、「現場に戻ったらしかるのは話してからにしよう。」という、勉強にもなりました。

毎回、飲み物を近くのコンビニやホテルの自販機で購入していましたが、ギスギスした毎日。いつも何かに追われているような感覚の日々。そんなときに、暖かいものを飲みたいねという希望から、一人1，000円ずつ出して、コーヒーやココアなどを購入しました。洗う場所がないので、一人一日一個の紙コップを使いました。水ははじめは支援

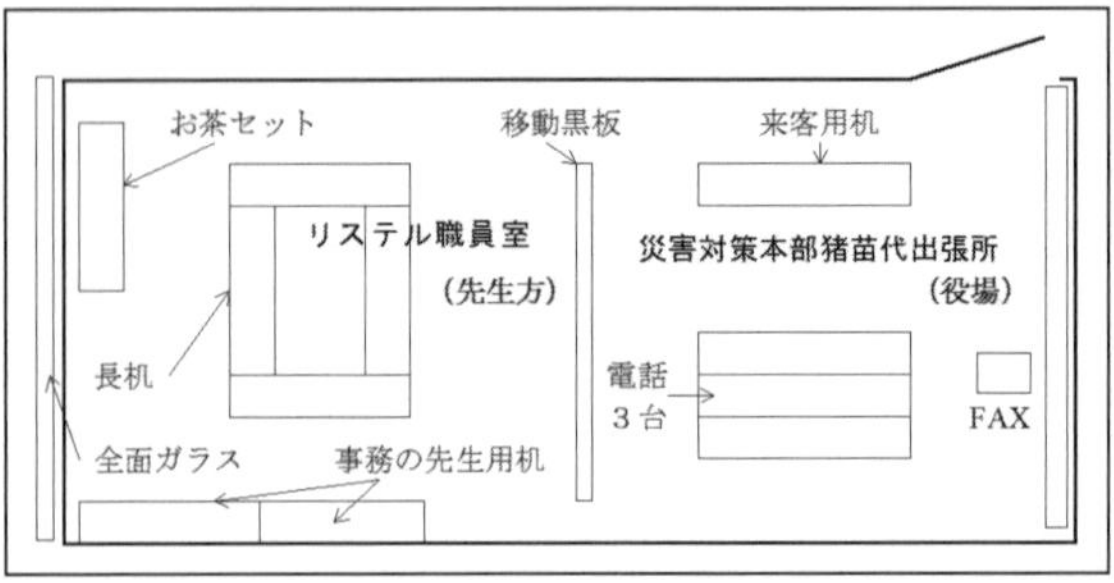

物資を使いましたが、なくなってからは食堂からいただきました。少し、落ち着くことができる職場になりました。

72　リステルでの学習指導

仕事ができる長机とイスが準備できました。次に取りかかったのは、避難所になっているホテルでの子ども達の過ごし方の指導です。（県内各地に散り散りに避難していた双葉町の住民は、二次避難場所としてホテルリステル猪苗代が指定されました。私たち家族も双葉町民なので声をかけられましたが、見学に行ってやめました。食堂には階段を使わないと行けませんし、居住する部屋と食堂が遠すぎて、避難後足が弱ってしまった90歳のおじいちゃんには無理だと判断したからです。それに、避難後に体調を崩して入院してしまったおばあちゃんが通える病院もそばにはありませんでした。叔母は、飼い犬を抱っこして、車を置いて家族の車で避難しました。車は、家に置いたままです。だから病院までの「足」もないのです。）

本館は、狭い部屋に家族が何人も押し込まれてぎゅうぎゅうでした。一人や二人で避難していらした方は、見知らぬ方々と相部屋でした。

もちろん、リステルに単身赴任している先生方も、男性と女性とそれぞれ一部屋ずつしかもらえませんでした。「避難所」なので仕方がありませんが、ベッドのわきに一週間分の荷物の入ったバッグを置くと、歩くスペースがないほど狭い部屋でした。狭すぎて、ストレスがたまると話していました。

同じように、子ども達は、家族全員と一部屋に入居しています。勉強をする場所がありません。そこで、ホテルにお願いして、物置になっていたような部屋を片付けて、学習室と図書室を作らせてもらいました。

学習室には机とイスを入れ、図書室には、支援で集まった古本などを置きました。学習室には、学校から帰ってきたらまっすぐ来て宿題をやって行く小学生や、夜、部活が終わってから予習をする中学生などが利用しました。先生方がいれば、「知った顔」同士、小中学生関係なく分からないところを教わったり、雑談をしたりして過ごしました。

それでも、狭い部屋に押し込まれている町民の中には、「子ども達は自分の部屋で勉強させろ。それでなくてもせまいんだから、一部屋子どもにやるのはもったいない。」と、どこにも当たれない、たまっている文句をはき出す方もいました。震災から2ヶ月経っても先の見えない毎日に、住民のいらだちは募るばかりでした。

耐震工事が学校を守ってくれた

73　リステルでの生活指導

中学生は、一学期の中間テストが近づいてきました。そんなとき、保護者から「勉強ができないと泣いています。」と相談されました。双葉にいる時には頑張り屋だった女の子です。よく話を聞いてみると、転入してから2ヶ月近く経つのに、まだ教科書をもらえず、友だちの教科書を借りて自分でコピーするか、教科書なしで学習しているとのことでした。そして、中間テストが間近…。

保護者も「本当は、中学校に教科書がいつもらえるのか、自分たちで購入した方がいいのか聞きたいのですが、いつもいろいろお世話になっているので聞くに聞けないでいます。」と。これについては中学校に連絡して、早急に準備してもらうように話をしました。これに似ていることはよくありました。「お世話になっているから言えない。面倒をみてもらっているからがまんする。」という訴えが5月になってから増えてきたなと感じました。

ホテルの住民から「外で夜いつまでも遊んでいる子がいます。」「暗闇で二人きりでいるのは中学生ではないか。」「一日中子ども達だけで過ごしていて、家族のそばに帰ってこない。」「ホテルの大浴場で騒ぐ小学生がうるさい。」など、苦情も入るようになりました。そう言う方も大人なので「その場で声をかけていただけましたか？」とたずねると「だって、だれか分からないんです。」「注意したって、その子達だけがやめて、他の子はやめないでしょう。」など、ご自分で注意はしたくないけれど、だれかには注意してもらいたいという方もいました。ずっと前に「大人を逃げるな」（子どもに対して遠慮せず、自分の子どもでなくても間違っていることは注意をしようと呼びかけるものでした。）というＡＣのコマーシャルをテレビで放映していましたが、そのコマーシャルがふと頭に出てきました。

そこで、子ども達と保護者に向けて、こういう話が住民の方々から出ていて、みんな心配してくださっていますということを知らせるため、「リステル職員室からのお知らせ」というお便りを作成して、児童生徒の家庭に配付することにしました。リステルに避難している方々への郵便物、配付物などを部屋ごとに入れる「ポスト」を役場の方が段ボールで手作りしてくださっていたので、そこに入れることにしました。


「ここは避難所です。お世話になっている方々に迷惑をかけないように過ごしましょう。」

「避難している人だけでなく、一般のお客様もいらっしゃいます。ルールとマナーを守って生活しましょう。」

「ロビーで騒いだり、寝たりしてはいけません。」

「エレベーターは降りる人が先です。」

「夜７時までには自分の部屋に戻りましょう。」

「学習室を使ってどんどんお勉強しましょう。」

「お風呂に入ったら、脱衣所に行く前に体を拭きましょう。」

「家族の会話を大切にしましょう。」

など、子どもはもちろん、大人にも読んでもらえるように、短く、わかりやすく書きました。

74 全国のみなさんありがとう 支援物資の整理

双葉町の災害対策本部猪苗代出張所にも、猪苗代の長瀬小学校にも支援物資が届けられていました。それらをリステル職員室で預かって何とかすることになりました。

本（物語）は、これが読めるだろうという学年の子に。ノートや鉛筆、消しゴム、定規、コンパス、赤青ペン、下敷き、のり、はさみ、おりがみ、色鉛筆などは子どもたち全員に渡るように袋詰めしました。それを学校帰りなどに受け取りにくるよう「リステル職員室からのお知らせ」に書いて配りました。

百科事典も1セット届きましたが、それは学習室に置いておき、誰でも調べたいときに調べられるようにしました。はじめに置いたとき、子ども達は何を調べたと思いますか。やはり、関心事の№1だった「原子力」「セシウム」「放射能」等でした。

県外で塾を運営している方から「何も勉強するものがなくては大変でしょう。」と各学年の問題集も届けられ、それも、該当学年に渡しました。保護者は皆さんとても喜んでくださいましたが、子どもたちは苦い顔をしていました。遠足や修学旅行の時期には、関東からお譲りのリュックサックやバックが届けられました。みなさんがもう使わなくなった幼稚園や低学年の時のリュックなどだったので、大きさや形は様々でした。これも、子どもたちにリステル職員室に来てもらって、自分で選べるようにしました。

手作りのお守りや手作りのキーホルダー、手作りの巾着、手作りのカードも届けられました。これらはたくさんきたので、子ども達だけでなく、双葉町災害対策本部猪苗代出張所を訪れる大人の方にももらっていただきました。外国からも、日本の国旗に寄せ書きをしてくださった物が届きました。ほとんどが英文で書いてありましたが、ボランティアの人が、所々、日本語に訳してくれていました。

たくさん届けられる支援物資に対し、自分の家庭でルールを決めている人もいました。「必要のあるものだけいただく。」「家族の分だけいただく。」「まだあるものをいただかない。」「いただいたものを粗末にしたら、もう、支援物資はいただかない。」など。困っている生活の中でも、家族のルールをきちんと守らせ、物があふれてしまって心が麻痺してしまわないようにしているお母さんもいました。

また、リステルにいる子どもたちに配っても、リステル以外の避難場所から顔を見せに来てくれる子たちに配ってもまだ残る物がありました。それは、ご自由にどうぞと図書室の脇に置いておきました。すると、「一緒に住んでいたのに、今は離れて避難している孫に送る。」というお年寄りの方が多くいらして、あっという間に誰かの手に渡り、役に立つことができました。

75　今日は誰が来たかな　リステル在住の児童生徒名簿

リステルには、県内外に散らばっている双葉町の町民が集められました。南会津町の避難所にお世話になっている避難民のところにも、「富岡町は○○に集まっていますが、いきますか?」とか、「浪江町の方々は○○に集まっています。」もちろん、私たちにも「双葉町の第2避難所は猪苗代にありますが、どうしますか。」と聞かれました。家の場合は、90歳のおじいちゃんが、避難で歩行が困難になってしまったので、段差や坂が多いところには連れて行けないと断ったのでした。

リステルに避難してくる人数は4月から日を追うごとにどんどん増えました。400人から500人。600人。700人……。お年寄りや大人だけではなく子どもも増えました。小学生、中学生、幼稚園……。それで、先生方は毎日役場の受付に行ってその日に入居してきた双葉の子ども達と部屋を確認しました。近くの猪苗代の長瀬小学校と東中学校も、ちょろちょろ転入転出があって大変だったと思います。

埼玉の旧騎西高校に避難していた人がリステルに移動してくるケースも多くありました。また、県外に避難していたけれど、県内で住むところを見つけたいからリステルに来たという人もいました。そういう子たちは、何週間か、学校に通わない、通えない空白の時期がありました。本人も、家族もつらかったでしょうね。

また、ホテルリステル猪苗代は「第2避難所」ですが、そのホテルの隣のマンションも、本来なら購入しないと入居できないのですが、月払いでアパートのように借りることもできるようにしてくれていて、そこに入居する家族もいました。双葉町以外から避難してきた方もいらっしゃいました。

ホテルが避難所になるなんて、とても贅沢なことだと思います。ただ、普通の体育館や公民館などのような避難所と違っているのは、家族ごとの個室なので、部屋に入ってしまうと人に会わないということです。だから、「リステルにいるとは聞いているけど、まだ、お会いしていない。」とか、「何百人もいると聞いたけど、本当にいるのかしら。」とか、食堂でばったり会って「あら〜、いつからここにいたの〜!」なんてことがよくありました。

昇降口前に何か置いてある

降下物採取用水盤　双葉町役場ご承諾済みと書いてある

76　やっと帰れる！　双葉北小学校一時立ち入り

６月、双葉北小学校への一時立ち入りが決定しました。教職員が20人いても４人しか警戒区域内に入ることができないため、行けない先生方が、持ってきてもらいたい必要な物を、立ち入りできる先生方に伝えました。

「職員室の事務机の真ん中の引き出しに、学級会計のファイルがあります。」

「わたしの印鑑が、引き出しの一番手前に入っています。」

「通知表の下書きは職員室の机の下のわたしの鞄の中に入れたままだと思います。」

「通知表を書こうと思って、わたし、鞄に入れたのは覚えていますが、その鞄は、学校か、自宅か分かりません。たぶん、教室です。」

「その日の放課後に教材屋さんに払うつもりだったお金が、わたしの職員室の机のどこかにあります。」

「職員クラブの通帳は、職員室の灰色の引き出しの一番右の下から４番目だった気が……。」

「購買部の支払い帳は、わたしの机の後ろに置いてあったはず……。」

「あの避難所になった夜、後で食べようと思ってとっておいたおにぎりが引き出しの中に入っています。取り出せるものなら、取り出してください」

もう何ヶ月か前のこと。記憶が薄れている上、その日避難所になっていた学校ですから、避難してきた人に見られたらまずい物やなくなったら困る物はとりあえず、目につかない引き出しやバッグにしまって、いつもとは違う場所に置いてしまった先生もいました。
「持ってきてもらえたらうれしいけど、なかったら仕方ありません。」と、あきらめの言葉を言う先生もいました。

そして、いよいよ立ち入り。その日の夜に、立ち入りをした教頭先生から届いたメールをそのまま載せます。

「本日「三ヶ月目の正直」北小突入が実現しました。校長先生、わたし、遠く加須から○○先生、頼もしい助っ人○○先生の4人で突入しました。9時にいわきの合同庁舎で線量計を受け取り、Jヴィレッジで防護服に着替え、いよいよ20キロ圏内に。途中、楢葉と富岡で6号国道が寸断され、迂回路を通り、11時になつかしい北小へ入りました。校内は3月11日の、あの時の避難所のまま、なかは壊れたところがなく、12日の朝方に校舎をあとにしたままでした。2時間の予定が、4人の分担が手際よく進められ、車1台（ワゴン）にこれ以上荷物を積み込むことができなくなり、1時間20分で終了してしまいました。職員室と校長室、保健室、印刷室の荷物だけ。しかも、すべては車に積めず、厳選しました。」

毎日何も考えず、当たり前に勤務していた自分の学校にも、「入りたい」という許可願い申請が必要になり、お許しが出たら、タイベックスーツを着て、時間制限付きでしか入れないなんて、そんなことがこの世の中に現実にあるなんて……。その当事者になるなんて……。

77 リステル保護者懇談会

6月10日に埼玉から双葉町の教育長や教育委員会から指導主事、総務課長などがいらっしゃって、幼稚園、小学校、中学校、高校の保護者、リステル職員室の先生方で初の保護者懇談会が開かれました。そこでの内容です。

1．教育長あいさつ

・町役場の移動に引っ張られて、教育委員会も移動して埼玉に行った。

・今週、各学校に立ち入ることができた。卒業証書を持ちだしてきたので、卒業式はできないが、証書を届けることができるのでほっとした。

・福島県を出て行ってしまったことが大きな壁になり、双葉小学校や双葉中学校をどこかに立ち上げることは不可能。
・リステル猪苗代が、双葉町の福島県内の拠点地だと教育委員会に知らされたのが4月4日。
・教職員は、県からの命令で動くしかない。本来なら年度末に行われるはずだった人事異動は8月1日に行われる。講師だけ、4月1日に発令されてすでに異動している。
・高校生で未就学や退学が何名か出てしまったことが気がかり。
・子ども達の基本的な生活習慣は大丈夫なのか、各学校になじんでいるか、不登校はないか、いじめはないか。いつも気にしている。
・県は、先生方の兼務発令も、高等学校の情報も、何もかも情報が遅いと感じる。とても不満がある。
・町内の各学校の校長が、福島市、郡山市、会津若松市と散ってしまった事が気になる。

2. 説明

(1) 猪苗代町内の学校での現状

○小学校の先生から

・はじめのころは学校へ行きたくないとぐずっていたが今はなくなった。
・猪苗代の子に思いやりのある子が多く、すぐに溶けこむことができた。
・リステルにいる双葉の保健の先生と給食の先生に歯科教室や給食指導を受けている。
・途中転校を見込んで、クリアファイルに写真をストックし、転校するときにプレゼントできる準備をしている。これにかかる経費は、猪苗代町に寄せられた義援金を使っている。中身の作成は、双葉町から兼務で行っている先生が行っている。

・宿題を忘れることはないが、筆算や漢字を忘れてしまう子がいるので反復練習させたい。

・埼玉から転入してきた子は教科書が違うので、兼務の先生が児童を集めて指導している。

○中学校の先生から

・ストレスをためて、がまんして避難をしてきた様子が見える。

・修学旅行に行くことができなかったのがかわいそうだったが、仕方がなかった。

・夏の制服を、ライオンズや地域の方々からいただいた。

・子ども達の悩みは、中学3年生の進路のこと。1~3年生全体では、「しょっちゅうおなかが痛い、夜眠れない、いつもイライラする、もう転校したくない、勉強に集中できない、どうせ転校するんだからと何事もあきらめている、学習しない時期が2ヶ月あって勉強について行けない、いろいろ言いたいことがあるけど親もがんばっているから言えない。」

○教育委員会から

・ホームページが見にくいのでリニューアルする予定でいる。

・小学校の卒業学年には証書をホルダーに入れて郵送する。

3. 懇談（保護者から）

・旧騎西高校は3食お弁当の生活だったが、リステルはプレート&ご飯と味噌汁。あちらに比べれば夜も昼もとてもいいが、慣れてきたのでちょっと欲が出てしまう。内容が同じで、野菜不足が続いている。

・高校のサテライトに通っているが、猪苗代↓土湯↓福島↓二本松と、朝6時前にホテルを出て毎日バスで通っている。そのバスは浪江町が出しているバスで、3名しか乗らない。そのうち2名が双葉の子で、1名の浪江の人が乗らなくなったらバスがなくなり、高校に通えなくなる。

・中学3年生はどこを受験すればいいのか。

・ホテルの鍵がひとつしかないので、いつも部屋にだれかがいないと子ども達が帰宅したときに部屋に入れない。

・旧騎西高校の学習室も見えないところ（死角）があって、見渡すことができなかった。このリステルもホテルなので、暗いラウンジやホテルの陰などの死角がある。また、夜遅くまでパソコン室の使用をしている子もいる。自治会もなくなったのでやりにくいし注意しにくい。よその子を注意してもいうことは聞かないし、子どもが集まれば遊びたくなるし、夜ご飯も、お風呂も、土日も子どもが集まって行動しているので、家族のふれあいが極端に減っている。

↓自分の子どもをしっかりと育てるために、自分の子を自分の家族としてしつけなければならない部分もある。避難生活の中でも、自分の子を育てるという意味でも、自分の家のルールを決めることが大切と、教育委員からアドバイス。

4．最後に

保護者も教育委員会も先生も、「すべては子ども達のために」という思いを持ち続けましょう。

78 総支配人の懐の……

災害対策本部の電話に、県の方から怒りの電話がきました。呼ばれたのは双葉中学校の栄養士の先生です。「リステルの食事がひどいと住民から苦情がきているのですが、何を出しているのですかっ!!」始めから相手の男性は大変怒っていらっしゃいました。「すみません。わたしは栄養士ですが、双葉町の学校で働いていた栄養士で、リステルの食事には一切関係ありません。」そう言ってもはじめはなかなか話が通じなかったそうです。この栄養士の先生は、単身赴任でリステルにいます。土日だけ、家族のいる相馬市に戻る生活をしていました。朝、昼、晩とリステルが出してくれる避難用の食事を食べていました。それについて、食の専門家として、いろいろ考えることはあったようです。それを自分の意見として伝え、「町の役場の方に替わります。」と、やっとその場から離れました。でも、「何でわたしが叱られなくっちゃいけないの?」しばらく、栄養士の先生も怒りが収まりませんでした。

ホテル側も、県からいただけるぎりぎりの予算で、宿泊させ、清掃し、食事を作り、大変だったと思います。住民もはじめは、おにぎりじゃない！うれしい!!と喜んでいたのが、どんどん慣れが出てくると「同じ物ばかり！」（6～7種類の献立をローテーションしていました。）とか、「野菜が足りない！」（あの時、高かったのですよね。）とか、「汁物がない！」とか、いろいろ気づいてきてしまう方もいらっしゃったのですね。（わたしはこの頃、南会津の集会所の避難所にいました。ご飯を炊くのも、おかずを作るのも大変で、温かい物を、しかも、ホテルの料理人が作ってくれる物を食べられるなんて幸せ♪と、ずっと思っていました。）

そういえば、日中、子どもたちが学校へ行っている間に勉強部屋を片付けていると、姿勢の良い紳士が入っていらっしゃって話をしたことがあります。ここに来ている人に、希望を持ってもらいたいとか、子どもたちが苦しい思いをしているでしょうから何かしてあげたい。向こうでは畑とふれあってきた人が多いと聞いているので、ここの花畑のお世話を手伝ってもらったり、土とふれあえるような場を作ってあげたいと話されていました。他にもいろいろ話しましたが、考えていることがとても前向きで、常識があって、広く物事をとらえていらして、とても好感の持てる方でした。『この人は避難民じゃないなあ。誰だろう。姿勢がいいなあ。普通の人ではないなあ。考えが素敵だなあ。』と考えながらしばらく話をしていました。ひとしきり話して「じゃあ、私は行きます。」と名刺を差し出してくださいました。するとそこには「総支配人」と書いてあるではないですか!!いやあ、驚きました。この方は、心から、双葉の人を、原発被害者のことを心配してくださっていました。ありがたいことです。とても素晴らしい方でした。

79　つらかったプール清掃

猪苗代で、一番多くの子どもがお世話になっているのが長瀬小学校でした。校長先生も教頭先生も、被災児童や先生方にとても寛大でした。有難いことです。お世話になっているので、何かお手伝いできることがあれば呼んでください、と話をしていました。すると、放射能の影響が分からないため、プール清掃を大人の手でやりたい。先生方にきてもらいたい。という要請がありました。

「何かお手伝いします。」といっておきながら、これには先生方も困ってしまいました。それは、何もないからです。普段着ている何枚かの服以外、もっていません。運動着を購入しなければ……。靴も、今履いている一足しかありません。長靴を購入しなければ……。帽子もありません。これも購入しなければ…。なにより、まだ避難所暮らしをしていて普通の生活ができないため、体力がすっかり落ちました。3階のリステル職員室までの階段をのぼるだけでもハアハアしてしばらく口をきけなくなるくらいですから。『長時間は動けない…』みんな、その話がきたときから憂鬱でした。

結局、5名の先生方がお手伝いに行きました。はじめの20分ぐらいは良かった……。そのあとです。足は重くなり、腕には力が入らなくなり、くらくらする。もうやめたいけれど、長瀬小にはお世話になっているし、「終わりましょう。」とこちらから言える訳がありません。ひたすら忍耐でした。1時間半ぐらいたった頃でしょうか、周りの双葉の先生を見ると、教頭先生もスコップを片付けています。もう一人の先生も、むしった草を片付けています。バケツを片付けている先生もいます。『双葉の先生、限界だ~。もう勘弁して~。』心はずっと叫び続けています。やっと終了したのは17時頃。お土産にと、とてもおいしそうなケーキをいただきましたが、疲れすぎていて、味がわからない……。なんてもったいないっ!!震災以来初めてのケーキだったのにっ!!その後の猪苗代から南会津までの帰りの車の運転2時間は、とにかく、きつかった。

このプール清掃で学んだことは、全員の体力が極端に落ちていることがはっきり分かったことと、肉体労働は、被災者の初仕事なら長くて1時間が限界だろうということでした。

80 心がさみしい運動会 運動会のお手伝い

もう一つ、お手伝いして欲しいという要請がありました。体育館での運動会です。前回のプール清掃でひどい目にあった先生方は、おびえていました。『今度は、どんな過酷な労働が待っているのだろう。』と。なにせ、あの清掃のあと、疲れがとれずに体調を崩してしまった先生もいたくらいです。普通の運動会なら、終わった後、歩くのもいやになるくらい疲れてしまう行事です。(あれっ?わたしだけ？）どんなお手伝いをさせられるのだろう……と、またびくびくしていました。
しかし、運動会のお手伝いは、身構えていただけに拍子抜けでした。7人の双葉の先生全員で、「低学年の児童看護」でした。子どもたちと一緒に座って、応援したり、水分補給をさせたり、トイレに行かせたりする役です。はじめ子ども達は「だれ～？」「どうしてここにいるの～？」「先生なの～？」「ここで何してんの～？」「水飲んでいいの～？」「暑いですう！」もう、興味津々。自己紹介もなく、そばに見知らぬ大人が座っていたら、子ども達も聞きたくなりますよね。とてもかわいい子ども達でした。

屋外では放射能が心配で運動会ができないという悲しさと、体育館の中でも運動会が実施できたうれしさを感じながら、猪苗代の子ども達に混じって走る双葉の子を見て、ついつい、全国に散った全校生の顔を思い出してしまいました。『みんな運動会できたのかな。活躍したかな。……元気かな。』そして、自分たちも、居場所がない勤務。つい、先生方、競技を見ながら「なんか、……さみしいね。」

81　兼務の先生方は……

5月から中通りやいわきに兼務発令された先生方は、自分の学校の子どもが転入した学校へ行っています。知った顔のそばにいることのできるうれしさ、仕事がもらえた喜び。これまでたくさんの方にお世話になり、その分のお返しをしたいという感謝の気持ちと意欲を持って仕事を始めたはずでした。しかし、現実は…。

「毎日、やることは掃除だけ。」という先生。「一日中T．Tの授業を断られ、職員室に座っていました。」という先生。「校長先生に言われたことだけをやっていればいいのよ。余計なことしないで。」と自分よりとても若い先生に言われ、働く意欲がなくなった先生。「だれかに言わないと苦しくて。」と、毎日リステル職員室に悩みを電話相談してくる先生。突然、兼務の先生を受け入れた学校も、ベテランの先生方をどう使ったらよいか分からなかったのでしょうね。初めてのことだらけで、双方とも大変だったと思います。皆さんは5月から兼務として働き始めましたが、夏頃までは意思の疎通がうまくいかず、小さくなって過ごしている先生も多くいたようです。

兼務発令された学校には、自分の学校にいた子が転入しています。その子たちと面談をする取り組みも行っていました。県内に避難したほとんどの子ども達は適応能力が高く、はじめの頃は登校をぐずることもありましたが、1ヶ月2ヶ月経つと新しい学校にすっかり溶け込んでいるという感じがしました。素晴らしいと思ったことは、兼務の先生方がいった学校にいる双葉の子には、登校拒否がいなくなった事です。これは、「兼務」の成功したことだと思いました。

先生方もストレスを抱えて生活しています。そこで、双葉北小学校の先生方は、月に1回、顔を合わせてそれまでのたまったストレスを発散させて、また、それぞれの避難地に散っていくのでした。

82「死にたい」

普段の生活だったらきっとあり得ないだろうということが、携帯電話を持つ事です。親と離れて暮らす子がとても多くなりました。父親だけいないとか、母親だけいないとか、ひどい子は父親も母親も遠いところで働き、別居しています。それが、子どもに携帯電話を持たせることになった一番の原因だと思いました。

また、仲の良い友だちとも、さよならも言えず離ればなれになり会えなくなりました。「双葉の子と、双葉町と、双葉の学校とつないであげたい。」という親の思いも強くあったと思います。

そんな子ども達から、メールが来ます。親や兄弟の携帯電話を借りたり、自分の携帯電話から送ってきたり……。メールがくるのは夜が多く、文面からみんな夜になると心細くなることが伝わってきます。

保護者からのメールも圧倒的に10時から11時頃が多く、時間が遅くなればなるほど、さみしい！つらい！苦しい！悔しい！どうしたらいいの！という気持ちが強く入っていました。一日が終わって、やっと一人の時間になれるのか、静かな夜にいろいろ考えてしまって苦しくなるのか、読んでいて胸が苦しくなる物もありました。

久しぶりにくる子どものメールには『先生、今、苦しいの！』という気持ちが入っている物が多くありました。友だちとけんかしたとか、友だちとうまくいっていないとか、双葉に帰れないって話を聞いたとか……。何か悩みがあるときに、突然「先生、お元気ですか。」なんて一言だけのメールを送ってくる女の子が多くいました。

そんななか、「わたしが生きている意味はあるのでしょうか。死にたいです。」というメールを送ってきた子がいました。メールで返事なんかできません。すぐに電話しましたが、電話には出ませんでした。すぐに、「あなたが死んだら、わたしが悲しい。親も悲しむ。死んではいけない。」という内容のメールを送り、双葉の時の担任にも連絡を取りました。その担任もすぐに電話をしてくれました。結局後日「たくさんの人がわたしを心配してくれていた。先生、死ぬっていって、ごめんなさい。」と、メールをくれました。こんなこと、普通の小学5年生が考えますか？『早く、この生活が終わって、できれば、ご近所さんも親戚もみんな双葉に戻って、今まで通りの普通の生活にもどればいいのに…。』と、心から思います。

83　学力テストの結果

6月の始め、双葉北小学校は学校への公益一時立ち入りをして、必要な書類関係を持ちだしてきました。その日は、双葉南小学校も、双葉中学校も一時立ち入りでした。原発から5キロ圏内の公益立ち入りの際には、放射能管理者がついて、持ち出す物に放射能が基準値以上ついていないか一つ一つ測ります。放射線の値が高い物は、持って行ったペットボトルの水で「除染」し、拭き取り、もう一度測ります。それで、持ち出してもよい数値まで下がったら車に積むことができます。

その一時立ち入りの時、双葉南小学校は学力テストの結果を持ち出してきました。北小は、各クラスごとに結果の分析をしているときだったので各担任が持っていました。それで持ち出してくることができませんでした。

南小学校は、リステル職員室からの保護者への郵送物に学力テストの結果を入れると話しています。北小学校もお知らせしたいと思い、教研式学力テストの会社に、全校生分の結果を再発行して送ってもらう場合には、いくらぐらいかかるか相談しました。電話口でも、こういうケースはあまりないのでしょう。電話に出てくれた人は即答できませんでした。それで、後日、どうなるかをお知らせしますということになりました。

すると、次の日「このようなときです。お金はいりません。全校生分、お送りします。どこへ送ればよいですか?」と!!これは、本当にありがたいと思いました。このときはまだ、通信簿の記入をどうするかについてもめているときでしたから、子どもたちの学習の努力が目に見える物でお知らせできるのはうれしいと思いました。まあ、送られてきた結果を見て、がっくりきた家庭もあったでしょうが…。

84 卒業学年へ手渡しをしたい

6月の北小への立ち入りで、本当なら3月の卒業式に渡すはずだった卒業証書や卒業記念品の筒と辞書。胸につけるはずだったお祝いの花を持ちだしてきました。そこで、今年度で退職する校長先生の最後の卒業生ということになった子ども達に、直接証書を手渡したいということで、「卒業証書を手渡す会」を行おうと計画を立て始めました。

双葉中学校は震災の日の午前中に卒業式があったので証書はいただいています。そういえば、わたしも主人も、中学3年生だった息子の卒業証書を見ていません。なぜなら息子は、ずっと体の具合が悪かった同級生が、中学校の卒業式の3ヶ月ほど前に亡くなったので、仲のよかった友だちと一緒に卒業証書と花束を持って卒業を報告するのにその子の家に行き、お線香を上げ、そのまま友だちの家に遊びに行ったからです。その後、友だちの家であそんでいるときに、地震。……ということは、証書は、友だちの家？いつか、帰ることができたら、探してみようかな。……何十年後の話でしょう。町全体が、タイムカプセルになっているようですね。

双葉南小学校は、卒業証書と、卒業記念品のホルダーと辞書、おめでとうの造花を郵送しました。娘はこの小学校の6年生でしたが、郵便物が届いた日、どれだけ喜ぶかと思ったら…。封を開けて、ちらりと中を確認して「はい。」と渡されました。喜びはなく、感慨深い物もなく、今の子どもたちの言い方で言うと「べつに〜。」という感じでした。そりゃあそうですね。仲のよい友達と、一生懸命練習していた式歌も歌えず、練習した呼びかけも言えず、動きの確認を何度もしていた証書のもらい方も役に立たず…。小学校を卒業した！という気持ちにはなれなかったのもわかります。

双葉北小学校の校長先生は平成23年度末に退職予定です。本来なら、今年度の6年生が、教員人生最後の卒業生ということでしたが、そうはなりませんでした。ですから校長先生が、「どうしても、手渡しをしたい。」と強く希望なさったのもわかります。

「卒業生に卒業証書を手渡す会」は、教頭先生と、6年生だった保護者の

北小昇降口　倒れたままの下駄箱

学年役員さん、その時の担任がメインになって計画を立て、着々と準備を進めていきました。

85　枠が細かくて手が震えました　全校生の出席簿

リステル職員室では簡単な物から仕事をしようと思い、まず、出席簿を終わらせようと思いました。1～6年生まで6クラスで150人ぐらいです。出席簿を開いてみると、ほとんどの学年が、風邪やインフルエンザが多かった3月は鉛筆書きでした。休みのマークがあっても理由が書いていないところもありました。それは、保健室に毎日提出していた健康観察簿と照らし合わせました。それでも理由が不明の時には担任の先生に電話をして確認しました。

「3月の忌引きは、誰が亡くなったのですか。」「ひいおじいちゃんです。」

「3日続いている休みは、全部インフルエンザでいいですか。」「いいえ、風邪の発熱でした。」

「インフルエンザの休みのまえの早退は発熱でしょうか。」「そうです。」

などなど、担任の先生方は、3ヶ月も前の子どもの欠席理由をしっかり覚えていました。

3月14日（月）からの出席は、「3月14日から福島第一原子力発電所の事故のため避難区域に指定され休校」のような記述を備考に書き入れました。

出席した印の斜線を一人ひとり、3月分一気に引き続けていると、枠が2重に見えたりゆがんだりしました。せまい欄にたくさんの欠席理由を書きました。それから、3月分の出席統計を出した後、1月から3月までの3学期の出席統計。そして、強敵の4月から3月までの1年間の出席統計です。どんな理由で、何日休んで、何日は出席停止で、早退の理由はなにで、何回あったとか、遅刻は何で何回……。統計するのに楽だった、欠席・早退・遅刻・出席停止が「0《ゼロ》」の子がかわいくなってしまいました。

86　これだけでごめん　全校生の通知表・修了証書

学校へ突入して通知表を持ち出してきました。双葉北小学校は全クラス分見つかりましたが、他の学校では担任が自宅で清書を書こうと思って持ち帰っていたり、ここにあるはずだという記憶の場所になかったりするクラスもあり、全クラスそろわなかったそうです。

はじめは、下書きが終わっている部分だけでも記入するか、成績をつけるかという話も出ましたが、担任が評価に必要な表簿や書類、データを持っていないということと、この通信簿を書くのが担任ではなく、リステルで仕事をしている各校2名しかいないということから通信簿は、以下のように決まりました。

・学習の様子の評価は斜線を引く。

・生活の様子の評価も斜線を引く。
・総合的な学習の様子にも斜線を引く。
・出席状況は書く。
・担任からの欄には下記のメッセージを書いたシールを貼る。
「震災・原発事故による避難のため評価はいたしません。3学期一人ひとりよく頑張りました。これからも困難に負けず、大きく成長することを願っております。」
・1～5年生の、修了証書を書き、校長の職印を押す。
・表の面の担任印と校長印を押す。

6年生の通知表の裏面は修了証書ではなく、6年生が全員集合した笑顔の写真でした。もしかしたら、もう二度と会えないかもしれないこの子ども達の顔を目に焼き付けておこうと、一人ひとりの顔をじっと見続けました。

87　初めての郵送物

リステル職員室が開設されてから作り始めた保護者向けのお便り。作成した物を、埼玉加須市の教育委員会にＦＡＸで送って、手直しが入り、また直して送る。また戻ってくるということを何度も繰り返しました。苦しい状況にある皆さんのために言葉を厳選し、内容を考えたお便りがやっと、やっとできました。それと、小学生・中学生の全家庭に向けてのお便りと、各学校からのお便り。今どうしているか、どうして欲しいか、悩みはないかを記入して返送してもらう調査票。それに、学力テストの結果と返信用封筒を同封することにしました。

全家庭向けのお便りには、「お元気ですか!!」から始まり、以下の内容を書きました。

・リステル職員室の住所と電話番号、メールアドレス
・双葉の先生方の居場所（兼務先の学校名）
・リステル職員室にいる先生方

双葉北小学校のお便りの題名は、校歌の中にもある「こえだの丘」にしました。越田という地名の丘の上に、双葉北小学校は建っていたのです。このお便りには、双葉北小学校の子ども達がどこに避難しているかをメインで書きました。県外避難の方が多かったので県名とその人数。県内避難少なかったのですが市町村名と人数を書きました。

それから、調査票。これには、現住所の確認と、これから引っ越す予定はあるか、インターネットに接続して、ＨＰを見ることができる環境にあるか、今、悩んでいることや、伝えたいことは何かというのを書く、子どもの欄と保護者の欄を作りました。

意外と大変だったのは、郵送する封筒の宛名の手書きでした。（返信用封筒の宛名は返信先が同じだったのでラベルを作って貼りました。）また、郵送代を少しでもうかすために、中学校と兄弟関係がある子は一緒に送ることにしました。しかし、双葉北小学校のわたしと養護の先生は、二人とも転勤してきたばかり。1年勤め切らずに避難ということになりました。名前を見ただけ、名字だけでは、兄弟かそうでないのか分かりません。そこで、現住所や、双葉での住所、電話番号などで一致するかどうかを一人一人確かめました。学力テストや通信簿が入っています。他の人と封筒を間違わないように、慎重に入れました。

やっとできた郵送物を、川桁郵便局に持って行きました。すると、局員の方が「双葉北小学校」と書かれた100通以上の封筒をみて、「いろいろあるでしょうけど、がんばってください。」と言ってくださいました。有難いと思いました。うれしかったです。

88　様々な悩み保護者からの相談

リステル職員室からお便りを出してから、相談できる!!とメールや電話、手紙で頼ってくださる保護者が多くいました。みなさん、本当に1家族で逃げました。ご近所さんはもちろん、親戚とも連絡を取れず、きっといつかどこかで会えると希望を持って避難したのです。よくみんな無事に逃げてくれたとうれしくなりました。

何を避難の基準にしたのですかとたずねました。

①奥様の実家
②親戚宅
③双葉の役場にくっついていた
④テレビの下や上を流れていたテロップの中の、他県の「避難したい人、本県で受け入れます！来てください。」の案内
⑤とにかく、遠くへ。前の車について行った。……でした。

保護者からの悩みは…

「子ども会って、なんですか。入った方がいいのですか。」初めてお子さんを小学校に入学させた方からの質問でした。双葉にいれば、集団登校などの際にご近所さんのお母さん仲間にたずねることができます。避難先は県外の都会。誰にも聞けない。誰に聞いたらよいかわからなくて、困っていらっしゃいました。

「予防接種を、同級生と一緒にはできないといわれました。」みんなが予防接種をしているとき、教室で待っていたと。これは後日、受けることができるようになりました。

「学校に行きたがりません。」これは、とても多い相談でした。4月の頃は、最高学年になった6年生の登校しぶりが多かったのですが、徐々に落ち着き、この頃は、どの学年にもまんべんなく、「学校に行きたくない。」と訴える子どもたちがいました。

「部活を辞めるといいます。」慣れない土地に行き、得意分野だったスポーツも続けることができなくなってしまった子どもたち。双葉町はスポーツへの取り組みが盛んでした。スポーツ少年団やサークルなど、たくさんの組織がありました。それらの仲間とのつながりもなくなってしまったのです。子どもたち、本当につらかったと思います。

「津波を思い出すから海に行けないけれど、こっちでできた友だちが夏に海に行こうって誘うんです。」無理に行かなくてもよいのではないかと話しました。体験したつらい出来事。それでどう感じているかを正直に伝えることも大事だと話しました。

「避難訓練であの日を思い出し、泣いて泣いて大変でした。」他の学校の子も同じようなことがあったそうです。机の下に潜って、机ごと揺れた大きな3回の地震。その後校庭へ避難。避難した場所には血相を変えて迎えに来たおばあちゃん。血を流しているおじいちゃん。車を使えずに走ってきたため、疲れて話せないお母さん……。仕事着のままのお父さん……。あの光景は、忘れようにも、忘れられません。

「同じ双葉町民なのに、加須と猪苗代では町の対応が違いすぎませんか。」確かに、そう思う部分もありますが、私たちでは避難所の運営についてはどうにもならず……。ごめんなさい。

「住むところが見つかりません。」県内の不動産屋は、「わたしは双葉から来ました。」というと紹介すらしてもらえなくなっていました。双葉の役場機能が県外に出てしまったことで、他市町村に後れを取っている部分が多くあるのを感じていました。原発で働いている家族がいるため、せめて近くにといわきを探している人は多くいました。でも、住むところが見つからず困っていました。

「同級生がいる学校へ転校させたいので、だれか県内の子を教えてください。」慣れない場所で、緊張緊張で生活している子ども達。双葉の友だちのそばでのびのびと生活させたいと思う親心。しかし、紹介してあげたくても、双葉の子達は在籍の80％以上が県外に避難してしまっていて、県内にはほんの少ししか残りませんでした。行きたい市町村に誰もいないということがほとんどでした。

「わかってくれません。」これは、仕方がないことだと思いました。同じ目に遭っていない人には、私たちの本当の苦しみはわからない。それは、仕方がないことです。みんな、普通に生活している。みんな、自分の家がある。それだって、仕方がないことです。それでも、分かろうとしてくれている人も多くいるということを忘れずに、踏ん張ろうと話しました。大人はみんな、悔しさ、苦しさを隠して、気づかないふりをして生活しています。心が折れてしまわないように、自分をしっかり持ち続けたいと思いました。

「ひとりぼっちなの。誰も周りに双葉の人がいないの。双葉の人と話がしたいの。」心細かったんだと思います。出産したてで、病院からの避難でした。自分の体も大変。赤ちゃんも心配。避難所にはいられず、知り合いを頼って関東へ避難したそうです。母子ともに、無事で本当に良かった!!

89　業者さん、どこにいるんだろう？　学級会計

リステル職員室に、懐かしの教材やさんがきてくれました。いわきの方にあった教材会社は、倉庫もろとも津波の被害に遭い、波が引いてからは教材や紙などが会社の周りに散乱し、片付けが大変だっ

たそうです。そして現在は、会社を復興しようと、双葉郡の学校が避難している場所に訪問しているとのことでした。「いわきから猪苗代まで来るのは大変でしょう。」と言うと、「知った顔に会えると、私たちもうれしいんです。」と。

双葉郡内にあった教材関係の業者さんは、従業員のほとんど全員が解雇になったそうです。パソコン関係に堪能だった双葉町担当の方も、「クビになったので、家族で新潟まで逃げてきました。」と。

学級会計も、そろそろしめる時期でした。学校突入で持ち出した荷物の中に、学級会計簿と通帳が全クラス分ありました。ほとんどの学年が支払いも済ませ、学級会計簿も作成し終わっていましたが、中には、「その日に支払う予定だった。」という先生もいました。支払う金額も分かり、お金も持ち出してきました。でも、その支払いをしたい業者の避難先が分かりません。先生方は知っていそうな先生に連絡を取ったり、訪問してくれた教材や業者に聞いたりして何とか避難先を知ることができました。

支払いは、振り込みにする場合には、手数料を差し引いた分の金額でいいとしてくれる業者がほとんどでした。直接きてくれという業者もいましたがそう簡単には行けない旨を伝えて、いつ頃ならそちらに行く予定があるのでその時に支払うのではどうかなど話し合いました。

90　支払いしたい！　給食会計

いつも作りたての熱々。味付けもよく彩りもきれい。量もぴったりで、子どもたちは、ルールを守っておかわりをして、好き嫌いがあっても、給食なら頑張って食べることができるという子がほとんど。食缶の食べ残しは、毎日ほとんどなかった文句なしの給食。とてもおいしかった双葉町の給食……。

その3学期の給食はまだ終わっていませんでした。そのため、支払いもしていませんでした。業者から「支払いしてください！」という連絡はありませんでしたが、給食担当の保健の先生は、早く支払いを終えて残金を確定し、それを全家庭に返金したいと思っていました。給食の支払いは、学級会計の支払いより大変でした。それは、業者の数が多かったからです。インフルエンザなどで出席停止の子の分の食数の変更もありました。

リステルに避難している双葉町民から、○○屋さんは△△あたりに避難しているらしいと情報を集めたり、ともだちに聞いたり、判明した業者に教えてもらったり、居場所を確定するまでがものすごく大変でした。

また、避難先が判明しても、業者さんに控えの納品請求書がなかったり、学校で控えていた値段や個数と違っていたりしている物もありました。

納品請求書が見つからない場合には、交渉しました。

「2月に同じ物を同じ数使っていたので、それと同じ金額でいいですか。」

「同じ品物を、南小で、単価○○円で仕入れていたようなので、それの人数分でいいですか。」などなど。すんなり交渉が進む場合と、少し考えさせて欲しいという場合とありました。早く終わらせてスッキリしたいのですが、なかなか進まない精算に困ることもありました。

やっと精算が終わりました。残金がいくらか分かりました。それを児童の人数で割って、その金額を、給食費の引き落としを毎月するために銀行や農協の口座番号を教えてもらっていたので、そこに入金して、完了しました。

91 オレオレ詐欺じゃない証明をしてください え？電話で？何をいえばいい？

返金といえば、新1年生の、入学準備金の返金が大変でした。仮入学の時に、1年生になってから学級で必要な物を準備するために、1人2，000円ちょっとのお金を集めていました。それを返金したいのですが、2年生以上に兄弟がいれば給食費の引き落としをする口座が分かります。そこに入金することになりました。また、上の学年に兄弟がいない家庭には1軒1軒電話をして口座番号を聞くことになりました。

だいたいの家庭では、現状を話して理解してもらったり、双葉の話や、自己紹介をしたりすれば口座番号を教えてくださいました。しかし、やはり突然「双葉北小学校の小野田です。かくかくしかじか、口座番号を教えてください。」と、知らない人から電話が来たらびっくりしますよね。わたしは高学年の担任だったので、仮入学にも顔を出さず授業をしていましたから、上の学年に兄弟がいなければ分からないはずです。

「この電話が、オレオレ詐欺じゃない証明をしてください。」と言われました。いや～考えました。そして、校長先生の名前や、双葉北小学校が建っていた場所の特徴、校庭にあった大きな空き缶ザウルスのこと、校内の様子などを話しましたが「そんなことは、少し調べれば誰でも分かることです。」といわれました。ごもっとも…。次に小学校の先生の名前を言いましたが「わたしは小学校を知りません。」と言われ、その通りですよね……。もう、わたしはギブアップでした。それで、仮入学に参加していた保健の先生に電話を替わってもらいました。

「驚かれたでしょうね。わたしは、2月の仮入学で○○について話をしたものです。覚えていらっしゃいますか？」と。すると、とてもすんなりいったようで番号を聞くことができました。仕方がありませんが、とても、複雑でした。確かに、普通は、電話で口座番号を聞くなんてことは、詐欺以外、ありませんものね。

振り込む銀行は、手数料が安かった東邦銀行にしたかったのですが、それもなかなかすんなりはいきませんでした。なぜなら、県外だと東邦銀行が家の近くにはなくて、電車で遠くまで行かないとないからです。でも、入金するのが多額ではありません。手数料を取られたらもうなくなってしまうくらいです。「とりあえず、入れてだけおきますから、いつか県内に戻ることがあったら記帳してみてください。」とお願いしました。

92　外国人の方々はどうしていたのか　住所・連絡先再確認

第1回目の郵送物が、何通か戻ってきてしまいました。その住所にはもう居ないということです。はじめに知らせてもらっていた場所が、県外の体育館の避難所や旅館だった人たちが、そこを出てしまうと次の居場所が分からなくなってしまうのでした。そういう場合には、お母さんやお父さんの携帯電話に電話をして確認するのですが、なかなか電話に出てもらえなかったり、日中の仕事が始まったりして連絡がつかない場合もありました。

北小には、中国に行ってしまった子もいます。始めは、日本大使館に連絡をして連絡先を教えてもらおうかと思いました。教育委員会にたずねたところ、中国での連絡先ではなく、日本国内で連絡がつく場

所を知っているから、そこから連絡してもらえばよいのではないかと答えが返ってきてほっとしました。

外国で思い出しましたが、知り合いの外国人の方々は、実家から「帰ってこい！」コールがたくさん来たと話していました。「300キロ離れろ。300キロということは日本から出ろ。」など。友だちや家族から、それはそれは、連絡が来たと。もちろん、3月中に出国した人もいます。その後、3月中に日本に戻ってきた人、4月に日本に戻ってきた人。羽田までは行ったけれども、思い直して出国せず福島に戻ってきた人。外国の家族に「大丈夫だ。」と話しても分かってもらえず、とにかく、一度顔を見せに帰ってこい！ときかないので、夏休みに一度母国に帰って顔を見せてくるという人。日本に戻ってこなかった人……。様々でした。あの、津波がすべてを飲み込んでいく映像や原発が爆発した映像を見ていたら、自分の子どもや友達が日本にいる人は、それは心配しますよね。

わたしの母は、海外旅行中でした。観光中に突然、ガイドさんに「ホテルに戻りましょう。」といわれ、バスの中で、日本の地震、津波のことを観光客に告げられたそうです。その後は、早く日本に帰国できるように手続きをしていましたが、手続き完了まではホテルのテレビに釘付けだったそうです。その中で、同じツアーにいた岩手県から来ていた社長さんが、津波が家屋を飲み込む映像を見て「あっ！俺の家が流されている！」と。あの家には、この旅行に一緒に来るはずだった奥様が、具合悪くて二階で寝てるはずだ!!と。みなさんどうしてあげることもできず、つらくて、何とか家にいるはずの奥様が逃げていてくれることだけを祈っていたとのことでした。

外国人の保護者の方に、あの地震の時、原発事故で避難指示が放送されている時、大丈夫だったのかとたずねると、「大変だった。何を放送されているか分からなかった。」という人がいました。特に大変だったのはご主人様が単身赴任で、自分だけ家にいた外国人のお母さんです。子ども達は学校にいるからとりあえず迎えに行こうと思い、その後自宅にもどって片付けをしていたら次の日には避難命令。「逃げなさい。」と言われても、どこへ行けばいいか、放送で言っている地名はどこなのか分からない。それで家にいたら、同じ国出身の友だちが大きな車で来てくれて「みんなで一緒に逃げよう!」と。それからは、ずっとその友だち家族と一緒に避難しているということでした。

93　もどってきた調査票から見えた思い①　子どもたちからのメッセージ

第1回目の郵送物に、保護者の方や子ども達の今の気持ちや現状を知りたくて調査票を入れました。それが、次々に送られてきました。その結果です。

〔どのような情報が欲しいですか〕

・同級生の連絡先
・北小児童の避難先
・北小児童の避難した先の行事や生活のようすなど近況報告
・楽しい話、元気が出るエピソード
・北小再建の予定
・担任からのメッセージ
・変更があった場合は早く、正しく、もれなく、教えて欲しい

右記のような要望がありましたが、左記の要望もありました。こちらは、学校としては何とも答えられないので町や県、国のHPを見るよう伝えました。

・福島県内の放射能の数値
・避難所の方々の情報
・銀行や農協の情報
・双葉町の方向性、これからの生活について
・住宅情報
・補償や賠償問題

5年廊下の掲示板　みんな笑ってる

・双葉町の現状と展望、教育委員会の情報
・国、県、町、行政からの避難者に対する情報
・騎西とリステル以外に避難している方々への支援や手続きについて

〔子ども達からのメッセージ〕

【3年男子】今は元気よく学校に行っています。【2年女子】住んでいるところがせまくて、自分の部屋がなくなりました。勉強が集中してできません。双葉のお友達に会えなくてさみしいです。【1年女子】双葉の友だちに会いたいです。【1年男子】双葉の先生に会いたいです。【1年女子】早く双葉に帰りたいです。【2年男子】新しい学校で友達ができて良かったです。お家ではいつもお手伝いをしています。北小のみんなに会いたいです。【1年男子】先生、元気ですか。みんなも元気でね。【1年女子】学校のことをママに話すから楽しいです。【1年女子】双葉に帰りたいです。【3年女子】友だちもたくさんできました。楽しく登校しています。【2年女子】双葉に帰りたいです。【2年女子】北海道の学校で6月に運動会をやりました。白組でした。負けたけど楽しかったです。避難先にはいとこがいるので楽しいです。みんなもがんばってね。【3年女子】勉強が得意になって字がきれいに書けるようになりました。学校では、先生がみんなを注意する声が響いています。早く、北小のともだちに会いたいです。【3年男子】友だちがたくさんできて楽しいです。おうちはちょっとせまいんです。早く、ぼくのベッドと布団で寝たいです。友だちに会いたいです。【3年男子】新しい友だち

ができて楽しいこともあるけど、やっぱり、双葉北小の友だちが心配です。今度引っ越しするので転校するけど、不安だけど楽しみでもあります。北小の同級生と連絡を取れたらいいなあ。【3年女子】マーチング部に入部しユーフォニュームを担当しています。9月に県大会があります。みんなが元気かどうか心配です。【3年男子】学校のみんなは優しいです。双葉でともだちにあいたいです。今の学校は、学年2クラスずつあります。友だちがいっぱいできました。放課後は友だちと遊んでから、お母さんのお手伝いをしています。【2年女子】早く、みんなと会いたいです。【2年女子】楽しくやっています。たまにさみしくなりますが元気です。【2年女子】北小のみんなに会いたいです。【2年女子】わたしが行っている学校は1ヶ月に1回、土曜日に授業があります。津波でお家が流されてなくなっちゃったけど、双葉にもどりたいです。みんなにお手紙を書きたいです。【2年男子】友だちたくさんできました。宿題がたくさん出るので大変です。みんな元気ですか。【3年女子】マーチングバンド部に入ってがんばっています。【3年女子】北小に戻れるのはいつかな。【4年男子】北小の4年生のみんなへ。みんなに会いたいです。【4年女子】学校の全員に会いたいな。そして、あの場所じゃなくてもいいから、「双葉北小学校」を作ってもらってそこに登校したいな。【5年女子】みなさん、学校は楽しいですか。みんなに会えなくてさみしくないですか。わたしは、みんなの顔を見たいです。おしゃべりがしたいです。みんなの住所が知りたいです。【5年男子】時々北小のことを思い出しています。離れていても、みんなと心はつながっていると思っています。【5年男子】同級生に会いたいです。双葉町に帰りたいです。【5年女子】隣のクラスに、幼稚園で一緒だった子がいたので安心しました。郡山は外で遊べないから、誰も外で遊びません。家の中で遊んでばかりだから早く思い切り外で遊びたいです。できれば早く双葉にもどって思いっきり遊びたいです。みんな、おげんきで、さようなら～。【5年女子】今の学校で悩みは特にないけれど、双葉北小のみんなにあって話をしたいです。【6年男子】火・木曜に全校ウォーキングをやっています。群馬県でも体育は室内だけです。合奏部に入ってホルンを吹いています。家ではプラモデルを作っています。みんな元気ですか。早くみんなに会いたいです。【6年男子】北小のみんなに会いたいです。【6年女子】友だちができました。学校は楽しいです。早くみんなに会えたらいいなと思っています。【6年女子】友達がけっこうできました。双葉のみんな、元気？みんなと会える日を楽しみにしています。【2年女子】知らない人が多くて、どうやって声をかければいいか分からなくて困っています。【2年女子】パパが福島に仕事に行ってしまったのがさみしいです。【4年女子】双葉に帰りたいです。北小に行きたいです。ともだちに会いたいです。【5年女子】双葉のお家にあるのに、家具や物を新たに買っています。大切なお金を使ってばかりいるのがふびんです。【6年女子】まだ、新しくできた友だちには遠慮しています。【6年女子】毎日楽しく学校生活を送っていますが、今年はプールができないので暑いです。【6年男子】お父さんもお母さんも仕事でいないので寂しいです。【6年女子】北小では敬語を教えてもらっていたので、転校先の学校でほめられました。【6年男子】今の学校は、北小と比べると宿題が少なくて、先生も友達のような感じであまり怒りません。だから、自分で努力してやらないとついて行けなくなってしまうと思うので学校がとても不安です。

94　もどってきた調査票から見えた思い②　保護者の方から

・リステル職員室からのお便り、とてもうれしいです。離ればなれに避難してしまっても、ひとつにつながっていると感じられるので、大変だとは思いますが続けてください。
・誰がどの県にいるかぐらい教えてもらえると、子どもの励みになります。
・今の学校には、北小のように扇風機がついていないので暑くて大変です。
・子ども達も、今の生活にやっと慣れたようです。でも、北小の友だちはどこにいるの？早く会いたいなと口にするときもあります。
・海を見ると津波を思い出すからいやだとか、地震が来ると怖いと言うときがあります。子どもの精神状態が心配です。
・震災後、怖いと言って一人で留守番をすることができなくなりました。
・ブラスバンドを続けたくて、学区外の小学校に通学しています。早く、元の生活に戻してあげたいです。
・子どもや大人、落ち着く場所もない状況で、よくここまでがんばったと思います。
・今の学校の友達もできましたが、会話の中に、北小の友だちのことがよく出てきます。校歌を口ずさむこともあります。

・子どもの笑顔で親もがんばっています。
・母は明るくないといけないと自分に言い聞かせています。
・落ち着いた学習環境ではないので、学力面が心配です。
・3月11日以降、私たち家族は知り合いの誰にも会えなくなってしまいました。友だちの連絡先も分かりません。子ども達の同じクラスだった子がどこにいるのか、元気なのか非常に気になっています。
・先日、家の裏から幼稚園の頃の写真が1枚発見されました。津波で家が流されて何もなくなってしまっていたのであきらめていました。とてもうれしかったです。もどってきた1枚の写真、大切にします。
・避難所では遊び放題で心配していましたが、今は借り上げアパートに移り、普通の生活を送る大切さを教え直しています。
・今、避難所にいますが、生活環境が大きく変わりました。そして、今までの習慣がなくなり、どんどん悪くなっています。けじめもなくなり、時間も守らなくなってしまいました。集団の生活をしている中で、人の目があり強く言うこともできず、困っています。
・できることなら、あの教室で、あの時のクラスメートで、みんなで会って、ちゃんと元気でいるか確認して、そして別れのあいさつができる機会が欲しいです。
・転校したくないし、転校させたくないと思っています。

・家族ばらばらになって暮らしています。家族がそろって生活できればいいなと思います。
・同じ学年の子が今後、どこに拠点を置くのか分かれば、少しでも近くに引っ越しをしたい。
・大好きな双葉北小から、突然知らない土地に来て、不自由な生活と転校を強いられ、それでもがんばって友達を作り登校しています。心の中に、もうすぐ双葉に帰れるから、今はがんばろうと生活していますが、心の半分以上は双葉北小に残したまま。親はそれを励まし、応援するしかありません。でも、この先が見えないがんばりをいつまで続けさせなければならないかと思うと不安になります。
・双葉に帰れないと思います。でも子どもは「いつか双葉に帰るから」と、転校先の先生に話すそうです。双葉に帰る希望を否定するのは残酷です。
・子どもは毎日「疲れた疲れた」とばかり言って、せっかく入ったスポ少にも行かなくなりました。
・やっと慣れた学校も、アパートの関係でまた転校です。子どもに申し訳ないと思います。悲しいです。
・新たな土地での生活で、子どものクラスの保護者とも交流できず、不安でいっぱいです。子ど

職員室前の体育掲示板　運動が盛んでした

もは順応性がありますが、大人はだめだと思いました。

・同じ学校に、双葉からの避難者がいないので不安です。

・今まで学校へ行きたくないと登校を渋るときもありましたが、今はすっかり楽しく学校生活を送っています。元気がなくなっているのは、わたしの方かもしれません。

95　おじいちゃんに買ってもらったランドセル　学校に残されたままの物

「学校にある荷物は、取りに行けないのでしょうか。」このことに関してはたくさんの保護者や子どもに聞かれました。亡くなってしまったおじいちゃんに買ってもらったランドセル。お気に入りの筆箱。お母さん力作の体操袋……。

３月11日（金）の地震の後、荷物をそのまま置いて避難した子ども達。３月14日（月）には、またみんな登校して、校内を片付けて、校庭の地割れに砂を入れて……。と先生方も、子ども達も思っていました。まさか、その後何ヶ月も学校に入ることができなくなるなんて、誰ひとり考えていませんでした。

それぞれ全国に散り学校生活が始まると、あれがない、これがない、全部学校だと気づき、何とか１回でいいから、学校に入れて欲しいという要望の電話が何件もきたのです。

先生方も、学校の荷物を何とか返してあげたいと思い、県の放射能相談室に電話をして聞いてみることにしました。そこで聞いた話です。

・7月はじめ、空気中の放射性物質はほとんどない。雨で地面に落ちたか、大気圏を出て宇宙へいった。

・現在の環境放射線量は、地面に落ちた放射性物質から放出されているもの。雨や風で移動することもある。

・原発から3キロちょっとの学校に置いたままだった写真などは、部屋に飾っておくのは良くない。たまに、アルバムを開いて見るぐらいなら良いが、そこに出していると、放射線を出し続けることになる。

・双葉郡内にはたくさんの放射性物質が降った。ものすごく小さな小さな物質で、一度つくと、奥まで入り込んでしまいとれなくなる。しかも、何年も放射線を出し続ける。除染といって、水で洗い流せば少しはとれるが、0《ゼロ》になる事はない。そのため、子どもたちの身につける物を持ち出す事は賛成できない。特に、ランドセル、筆箱、歯ブラシ、コップ、衣類などはおすすめできない。

・ただ、所有権は保護者にある。返して欲しいといわれれば、返すしかない。

教室はあの時の避難所のまま

こんな話を聞いてしまったら、先生方は、子ども達を危険にさらすことはできないと思いました。この電話相談以後は、荷物の持ち出しについて質問を受けたときにはこのことを説明しました。すると、どこの家庭も子ども達を守るために避難しているわけなので、「もう少し、待ちます。」「あきらめて購入します。」という答えが返ってきました。

96　不登校に悩む

登校を渋る子はやはり、多くいました。「同じ学校に、北小から来た子がいるらしいけど、いつも泣いているか、保健室にいるか、学校を休んでいるかなんだって。」「転校してからできた友だち。仲良くしていたと思ったんだけど、けんかをしたら突然『放射能！』って馬鹿にされて、それ以来、学校を休んでいます。」こういう情報が耳に入ってきたときには、すぐに元担任に連絡をして、電話をしてもらったり手紙を書いてもらったりしました。

低学年の子も、中学年の子も、高学年の子も、それぞれの立場でつらいことがあり、理由は様々でした。その子達のことを考えてみると、今まで一緒に住んでいた家族がばらばらの生活を送るようになった子が登校渋りをするのが多いなと感じました。家族がそろわないという、満たされない思いが大きいのだろうなと思いました。

また、時が経つにつれ、担任の先生と合わないから学校へ行けないと訴える子も増えてきました。「私は避難してきた子だけの先生じゃない。」「こんなに心配しているのに、何を考えているか話してくれない。」受け入れてくださった先生方にも言い分はたくさんあると思います。でも、ここだけは、何とかできるのではないかと思いました。

97　津波に流されたランドセルや絵画　自衛隊が持ってきました

「触らない方がいいですよ。」ある日出勤すると、入り口の所にランドセルや絵画などがビニール袋に入れられておいてありました。「あれ〜なんだこれ〜？」と名前の書かれている部分を探してがさごそやっていたら、役場の方に言われました。「それ、行方不明者を捜索している陸上自衛隊の人が、津波で流された物を見つけて、双葉町は猪苗代にいるって聞いて昨日持ってきてくれたんだ。放射性物質がついているのもあるから、触ったんなら、手を洗ってね。」

一瞬ひるみましたが、もう触ってしまっています。せっかくなので、名前を探しました。すると、わたしが担任していた子が、幼稚園の頃に町の文化祭に出品した絵画がありました。この子は、地震の時に風邪で学校を欠席していて、津波から逃がすためにお母さんが助けた子です。しかも、「家は津波で流されて、もう、何もかもないんです。」というメールをお母さんからもらっていたばかりです。

すぐに役場の方に「この子は、今加須にいます。今度役場の方が加須に行くときに持って行ってもらえませんか？」と頼むと、分かりましたと引き受けてくださいました。

この子以外のランドセルは、今、中学生や高校になった子の物でした。小学校を卒業してからも、捨てないでお家にとっておいた物だったのでしょうね。ここに、津波に飲まれたものがある。なつかしい双葉の海の砂がついている。目には見えないけれど放射性物質もついている。このランドセルや絵画が置いてあった家には、普通の生活があった。……とても、複雑でした。

98　手強かった要録整理

指導要録は各学級2冊あります。学籍関係と学習関係です。間違いが許されず、いつも緊張しながら書いていた書類です。他の仕事同様、全校生分を、わたしと保健の先生二人でやることになっています。

まず、学習関係。こちらは、通信簿と同じく評定ができません。できたのは、出席統計を終わらせていたので出席状況。それと、学力テストの結果ももう一度いただけたのでその結果だけです。学習の記録、外国語活動の記録、総合的な学習の時間、特別活動の記録、行動の記録はすべて斜線です。そして、「震災・原子力災害により記載不能」というハンコを押しました。

次に、学籍関係。こちらが大変でした。転学・退学等の欄に、実際に学校に来ていた日までをまず記入。それは、平成23年3月11日。そして、平成23年3月31日○○県○○市立○○小学校　第○学年に転学。それから、その学校の住所。最後に理由は「震災・原子力災害による避難指示のため」と記入することになりました。何が大変だったかというと、小さな枠に書き切らなくてはいけないということもありましたが、第1回目の転学先学校と、転入日の確認です。

全校生がどこかにまとまって避難しているわけではないので、転学先の学校が全国各地に100校以上あります。子どもが絶対に確実に行ったと思われた何校か以外は1校1校全部に電話をしました。確かに転学している確認と、受け入れ月日を、何か特別な理由がなければ4月1日にして欲しいとお願いをするために。そうでないと、日にちを書き入れられないからです。

その小学校の住所と電話番号、校長先生のお名前はインターネットを使って調べました。なにせ、全国各地に散っているのですから。そして、電話をするのですが、震災後初めて連絡を入れる学校もありますから、今まで何の連絡もできなかった失礼をお詫びしました。県外の学校の先生方は福島県内の現状、避難したときのその子の行動、これからの見通しなどをお聞きになりました。私たちも、お世話になっている子ども達の背景をよく知ってもらえるのはうれしく、知っている限りのことをお伝えしました。あとは、相手校にすべてをお任せするわけですから。また、現在の子ども達の様子も教えてくださる教頭先生もいらっしゃって有難いと思いました。

電話をした時間、だいたいは学籍担当の先生は授業中なので、何時頃電話をかけ直せば良いか伺ったり、用件を教頭先生にお話しして、都合のいいときに連絡を入れていただく約束をしたり……。中には、「そのお子さんは、転校してくるという連絡はあったが、結局こなかった。」という場合もありました。また、「うちの学校に双葉北小からの転入生はいません。」という答えも返ってきました。想定内です。そういう家庭には、また連絡を入れて確認しました。

この転学先への連絡・確認だけに1週間以上かかりました。なにせ、リステル職員室には固定電話を役場から1台借りている物と、ソフトバンクが無償で貸してくれている携帯電話1台しかありません。その2台で、北小、南小、双葉中学校の3校のほぼ全校生分の確認をしているから時間がかかるのです。

担任印や校長印も押して、全部記入が終わってからは両面コピーです。コピー機の自動紙送り機に送って、万が一ぐしゃぐしゃになったら大変です。一枚一枚、ひっくり返して両面コピーをしました。担当した先生は「私、こういう仕事で雇ってもらえるところあったら、そこで働いてもいいな。」というほど、上手に速く手際よくできるようになりました。3校合わせて、何百枚?それから、「原本に相違ない」のハンコを押して、日にちを入れて、職印を押して……。郵送する封筒を作って、確認しながら封筒に入れて、封をして、いよいよ発送。

やっと終わった!!と思ったら、住所が違っていたり、その学校へ転学していなかったりして、返送されてきた封筒もありました。懲りずに何度も、確実に指導要録を全て送り終わったときは本当にうれしくなりました。

99　初めての職員会議

3月12日早朝に、避難所のお世話から家の様子を見てくるために帰宅した先生方。そのまま学校へ戻れなくなってから、双葉町内の先生方が全員集まったのは、4月1日に埼玉県の加須市旧騎西高校。双葉町から275キロも離れた場所でした。その後は、それぞれの避難場所で兼務などでできる仕事をしていた先生方。そんなとき、平成23年度の初の職員会議が開かれることになりました。第1回職員会議は7月22日に猪苗代町の「学びいな」の会議室をお借りして行われました。

始めに校長指示伝達事項です。ここでは人事関係についてお話がありました。8月1日に人事異動が発令される先生方について、誰がどこの学校へ転勤になるのか、誰がどこの学校から転勤してくるのかはっきりしました。久しぶりの校長先生のお話。聞いていてうれしかったですね。

次に協議事項です。

（1）県内外へ就学した児童の現状について

・各地区に兼務として勤務している先生方からの報告がありました。郡山地区や福島地区の学校では校庭の表土入れ替えが行われていること。子どもたちはどんなに暑い夏でも長袖、長ズボン、マスクで登校してくること。プールの授業が行われないこと。外での体育は極力行わないようにしていること。教室などの窓を開けてはいけないため、とても暑いということ。交通安全パレードや運動会も中止になったことなどが報告されました。

いわき地区では転入が多くあるのは、原発で働いている家族のそばにきて一緒に住もうということでいわきに集まってきている感じがするということ。

県内の双葉町民の避難場所である猪苗代や県外の双葉町民の避難場所の埼玉では、現在避難所にいる児童数や、今後の見通しについて。登校を渋る子への援助について。リステル職員室からは、どんな悩み相談が多く寄せられているかということの情報交換を行いました。そして、それぞれの先生方が、その子に合った援助の仕方を考えたり、連絡を取ったりしました。

（2）「卒業証書を手渡す会」実施案の検討と係打ち合わせ

・卒業生だった子たちに、渡せなかった双葉北小学校の卒業証書を渡したいと、いままで卒業学年の先生と保護者、教頭先生中心に内容を煮詰めてきました。その会に出席する人数も、返信はがきでだいたい確認できました。そこで、先生方の当日の役割分担も決めました。具体的には、会場の借用、会場作成、装飾準備、式進行、授与補助、受付、記念撮影、記念品の辞書、懇親会の準備などです。懇親会の持ち方や欠席者への対応、当日の集合時刻なども決めました。

（3）今後の双葉北小学校の再開への見通しについて

・全くないということでした。

100 第2回目リステル通信

2回目のリステル通信は、最後の通信になってしまいました。なぜなら、県内のホテルや旅館などの第2避難所の閉鎖が決まったことと、警戒区域内の学校で何名かずつ町の教育委員会に残って残務処理の仕事をしていた先生方を、8月から兼務としてどこかの学校に入れることが決まったからです。

リステル職員室で働いていた先生方は、ずっと双葉の子ども達や保護者の心に寄り添い、力になりたいと思っていました。町の教育委員会の手伝いをして、騎西高校で大変な思いをしている方々の力になりたいと思っていました。しかし、それも、7月いっぱいということになってしまいました。

落ちたプールサイド、崩れた用具室

リステル職員室にいる先生方の何名かを残すことはできないかとも相談しました。でも、これも、認められませんでした。ということは、双葉北小学校の仕事を続けていくのは、残された校長先生（福島市在住）と、教頭先生だけということです。しかも、教頭先生は人事異動の対象だったので、新しい教頭先生がいらっしゃいます。これまでの双葉北小学校のこと、3月11日からどんなことに取り組んできたのかというのを知っている先生が誰も双葉に残らないということになります。不安でいっぱいになりました。

双葉中学校・双葉南・北小学校の全員に配付するお便りには、「転校するときの手順」を載せました。

1　担任の先生に申し出る。
2　現在の学校のある市町村教育委員会に申し出る。
3　次に住む予定の市町村教育委員会に行き、通う学校を教えてもらう。
4　次に通う学校に行く。
5　双葉町教育委員会に、①住所②転校先の学校を知らせる。

3の、通う学校については、普通なら、住居近くの学校に行くことができるのですが、この時期は、避難の状況で転出入が多く、学校の定員（給食関係や、一クラスの人数など）がいっぱいすぎて受け入れてもらえないときがあったのでした。

もうひとつ、この時期に人事異動が行われ、担任が替わり不安になってしまう子どもや保護者もいるだろうと、「教職員8月1日人事異動の実施について県教育委員会の基本的な考えかた」を載せました。

1　3月11日に発生した東日本大震災及び原発事故への迅速な対応や被災した児童生徒の現状把握と心のケア等を最優先して対応するため、4月1日付けでの異動を見送りました。

2　5月からは双葉郡内の小中学校の教職員は、被災した児童生徒が就学した各市町村立の小中学校の現任校へ籍を置きながら兼務という形で勤務し、児童生徒の心のケアを優先した勤務態勢を行いました。

3　学校はもとより、児童生徒への影響をできる限り少なくするために、学習活動の大きな区切りとなる休業中の8月1日付で異動を行います。

4　被災にあわれた児童生徒、保護者の皆様におかれましては、様々な困難がある状況においても、健康に留意し、希望を失わずにお過ごしいただくようお願いいたします。

この文章を打ちながら、『ああ、ここにいる先生方も私も、みんな被災者なんだな。希望を持て…かあ。持てるかなあ。』と思ったことを覚えています。

101　第2回目リステル通信　リステル職員室から「最後のメッセージ」

双葉町内の小中学生全員に配付したお便りの文面です。

「5月から始まったこの職員室。3月11日で止まったままの残務処理をしてきました。また、電話やメールで子どもたちや保護者の方々からの様々な相談にものってきました。何とか、双葉町の方々の力になりたいと取り組んできました。そして、あっという間に7月になりました。

このたび、リステル職員室がなくなることになりました。双葉町内の小・中学校の先生方は全員、どこかの学校に所属することになったのです。今までのように、リステル職員室で皆さんの声を聞くことができなくなるのが残念でなりません。

今後、保護者の皆さん、子どもたち、何か相談事があるときは、教育委員会や元担任、話しやすい先生などに聞いてください。決してひとりで抱え込まず、話をするだけでもすっきりすることもあります。

ほんの150日前まで双葉町で過ごし、共に勉強し、共に遊び、様々な力をつけてきた子どもたち。今は散り散りになり、自由に会ったり、話をしたりすることができなくなりました。こんなに不安になったり、悲しくなったりするなんて、こんなに涙が出てくるなんて、考えたことありませんでしたね。でも、皆さん、負けないで。体を大切にしてお過ごしください。双葉で身につけた力を、あちこちで輝かせてください。ずっと、応援しています。」

102　第2回目リステル通信　双葉北小学校学校便り「こえだの丘」①

この文書が、子どもたちと保護者の皆さんに公式に声を届けられる最後のチャンスです。なにを伝えればいいのか考えた結果、前回の調査票で保護者や子ども達から要望の多かった「先生方からのメッセージ」を載せることにしました。

県内各地に散っている兼務の先生方に「子どもたち、保護者の皆さんへの最後のメッセージを送ってください。」とメールしました。先生方、皆さん本当に考えて考えてメッセージを送ってくださいました。

教務の先生（旧理科担当）

いわきの学校に兼務してからのこの二ヶ月間は本当に長い年月が過ぎたかのようです。唯一気が休まるのが、いわき地区に来ている児童生徒の学校訪問をしている時です。双葉の児童生徒がそれぞれの学校で新しい友だちを見つけがんばっていることを聞くと、心のケアに来ている自分の方が癒やされているようです。いわきにきてから生活面においては、アパートの住民との関係で気を遣い、部屋の中を静かに歩いている自分に苦笑している有様です。学校においては、先生の数が多く、名前と顔がまだ一致していないのです。当然、児童の名前を覚えているのは７００名中30名弱です。毎日特別支援学級で奮闘している自分です。

旧1年1組担任の先生
双葉北小のみなさん、お元気ですか。わたしは今、福島市野田町に住み、すぐ近くの小学校に勤めています。中通りの暑さに負けそうです。双葉のさわやかな東風が恋しいです。
今いる学校は、先生方も、子ども達もやさしい人ばかりです。一緒に勉強していて楽しいのですが、それでも何となく自分の居場所ではない気がします。毎日家に帰る途中、双葉とは違う山々の形を見ながら「どうしてわたしはここにいなくてはならないのだろう。」と切ない気持ちにおそわれます。きっとみなさんも今いる場所に居心地の悪さを感じながらもがんばっていることだろうと思います。見知らぬ土地、見知らぬ人の中で生活することは、とてもエネルギーのいることです。つらいこと、逃げ出したくなることも、きっと多いことでしょう。近くにいてサポートできないことがとても残念です。ありきたりのことしか言えませんが、どうにもならないことを悩んでも、憎んでも、気持ちが落ち込むだけでいいことはありません。泣いていても、笑っていても、明日は来ます。どうせ明日を迎えるなら、笑って迎えましょう！また双葉町で会う日が来ることを楽しみにしています。

旧2年1組担任の先生
わたしは今、福島市に住んで、近くの小学校に勤めています。3年生の授業をするときには、北小の3年生は今頃どうしているかな。わり算、大丈夫かな。なんて考えながら、心の中で応援していました。それぞれの学年の子ども達を見るたびに、北小の素直で明るく頑張り屋のみなさんを思い出します。そして、みなさんのあいさつがとても気持ちよく響いていたことも。北小のみなさんのあいさつは、自慢できるほど素晴らしかった。また、あのあいさつの声が聞きたいと思うほどです。

みなさんは、どこにいてもきっと元気にあいさつをしていることでしょう。自分に自信を持って、今いる場所で自分を大切にしながら、楽しい思い出を作っていってください。北小での思い出が消えることはありません。わたしも、いつかまたみなさんに会える日を楽しみにしながら、前を向いてがんばっていきたいと思います。

103　第2回目リステル通信　双葉北小学校学校便り「こえだの丘」②

旧3年1組担任の先生
『ピンチはチャンスである』あの地震の日からずいぶん長い月日がたったように思います。それぞれにいろいろな経緯をたどって、今そこにいるんだね。今きみたちは、つらかったり苦しかったり、切なかったり、そんな日々を送っているのかもしれません。もしそうなら、このピンチをチャンスに変える工夫をしてほしいと思います。今しか味わえない、知らない人たちからの手助けに対する感謝の気持ちを育てること。今までとは違う場所で新しい環境に慣れる力をつけること。そして、故郷を想い、双葉で生まれたことを誇りに思うこと。みんなならできるとそう信じています。

旧4年1組担任の先生

北小のみなさん、お元気ですか?今日、1学期の終業式を郡山市の小学校で迎えました。式の最中に、北小だったら今頃ブラスの指揮をして「双葉北小の誉れを高く」と歌っていたかなと悲しくなってしまいました。ブラスでは、昨年の悔しさをバネに絶対に県大会出場を決めていたんだろうなとか、今の5年生を続けて担任していたのかなとか、今でも心の中は北小のままです。みなさんの心を絆を強く持ち続けましょう。遠くない未来に昔話の一つとして笑ったり、語り合えたらいいね。「正しく、強く、朗らかに」しっかり生きていきましょう!

旧5年1組担任　小野田陽子

朝の校庭での50m走。学年関係なく勝負を挑む子ども達。おいしい給食、残さない。お昼休みは高学年でドッジボール。怖くて楽しい剛速球。夏にはシンクロナイズドスイミング。きらきら光る水面にみんなの笑顔が輝いた。学習発表会の創作ダンスでは会場が一体となった大きな拍手、ありがたかった。突き刺さるような暑い日差しの中での特設陸上部の練習も楽しかった。特設駅伝部の朝練も、夕方の練習も4年生から6年生まで本気勝負。大熊駅伝も強く心に残っている。どこで会っても笑顔の保護者の方々。とても頼れる父さん、母さん。いつも応援してくれた。

楽しかった北小。夢と希望がぎゅっとつまった北小は、輝いていた。そこに所属していたことに誇りを持って、過ごしていってほしいと思う。

旧6年1組担任の先生

みなさん、ご無沙汰しています。震災から4ヶ月経ちました。振り返ることこれまで生きてきて経験をしなかったようなことをこの4ヶ月の間にたくさん経験してきました。このことを前向きにとらえ、これからの人生にプラスになるようにしていきたいし、北小のみなさんにもそう伝えたいと思います。まだまだ何も見えない状況が続いていますが、焦らず、怒らず希望を持って前に進みたいと思います。みなさんも体に気をつけてがんばってください。

養護の先生

双葉北小でのみなさんとの思い出は、むし歯予防集会や収穫祭での餅つき、学習発表会での一生懸命な姿です。たくさんの思い出がこのまま積み重なっていくことと思います。お家の方も様々な悩みや戸惑いを感じながら、家族のため、子どものためにと思い決断してきたことがたくさんあったことでしょう。

悲しいことがありすぎて、思い出したくないこともあったけれど、今、思い出してみるとたくさんの出会いがあったなあと気づかされます。意味のない出会いはないと信じ、新たな出会いを楽しんでいきましょう。また、みなさんと会えることを楽しみにしています。

104　卒業証書を手渡す会に集まる人

7月30日（土）本当の卒業式から4ヶ月が経った夏休み。猪苗代の体験交流館「学びいな」に、卒業生が集合し、「卒業証書を手渡す会」が開かれることになりました。北は山形、南は横浜から集まってきます。卒業生26名中、参加できないのは3名だけ。23名参加できることになりました。卒業生の他、兄弟、お父さんお母さん。おじいちゃんやおばあちゃんの姿もありました。避難してから、まだ一度も双葉の友だちと会っていない子の方が大勢です。子ども達やご家族の方、先生方、みんな喜んでいました。

この日、会が始まるまでも、「高速道路で事故があったので遅れるかもしれない。」とか、「猪苗代インターを降りたけれど、どちらに向かっていけばいいのか。」とか、「県外のパーキングでたまたま○○くん家族に会いました!!」という連絡が入り、みんなが全国あちこちの避難場所から集まってくることが分かりました。

駐車場に続々止まる「いわき」ナンバーの車。見慣れた顔は、少し大人っぽくなり、体も大きくなり、はにかんだ照れた笑いが離れて過ごした日数を表していました。あちこちで歓声、握手、抱擁……。本当に4ヶ月ぶりに会う友だちもいたようです。保護者の方々、おじいちゃんおばあちゃんとも久しぶりの対面です。みなさん、避難生活の中でもちょっぴりおめかしをして来てくれました。

105　涙、涙の卒業証書を手渡す会

4ヶ月遅れてしまったし、北小の体育館ではなかったし、お祝いしてくださる来賓の方も下級生もいないけれど、胸には「卒業おめでとう」の造花をつけた卒業生。現在は中学1年生になっているので、小学校の卒業式より大人びた感じです。それでも、やっと卒業式をできるうれしさが顔に出ていました。保護者の方々も、ひとつの区切り「小学校卒業」ができてほっとしている様子。先生方も、このときを一生忘れられないものにしたいと心を込めて準備をしました。

13：30に、卒業生が入場してきました。教室ひとつ分ほどの狭い会議室に、子ども達、保護者、先生方がぎっしりです。正面には、双葉町の町旗と双葉北小の校章の旗がはられています。学校への公益立ち入りの際に持ち出してきていたのでした。その旗に向かってゆっくり歩く子ども達。保護者の方々は、その姿を写真やビデオにおさめています。

全員があの時の出席番号順に席に着きました。「開会の言葉」教頭先生が式台に向かって行きました。そろって、礼。

「ただいまより……。」続きが出ません。教頭先生、その場で男泣きでした。

「平成22年度……。」もう、会場のみなさん、涙涙です。心の中には、あれから4ヶ月、突然散り散りになって会えなくなったさみしさ。つらかったこと悲しかったこと悔しかったこと、様々な思いが巡っていたと思います。

「双葉北小学校、卒業証書を手渡す会を、始めます。」やっと、やっと最後まで言うことができました。

卒業証書授与も、担任が呼名し、元担任が介添えをして無事終了。それから、校長先生のことばです。ここでも、校長先生は卒業生、保護者を目の前にして、途中何回もことばをつまらせ、涙をこらえながらお話をしてくださいました。保護者の中には、静かにポロポロと涙を流すだけではなく「うっうっ」と、声が出てしまうお父さんもいたぐらい、みなさん、泣き続けていました。いつもの卒業式なら子どもの成長がうれしくて……。と思いますが、今回は違っています。

『卒業式ができて良かった。』

『どうしてこんな所にいるんだろう。なぜここが双葉町じゃないんだろう。』

『こんな事になってすまなかった。』

『これからもおまえ達を守るからな。』

『お父さんもお母さんも不安でいっぱいだけど、家族でがんばっていこうな。』

『この会が終わったら、またみんなと会えなくなる。』

など、たくさんの思いが涙となって流れ出たのだと思いました。とても、とても、胸が苦しい卒業証書を手渡す会でした。

106　学校への立ち入り　Jヴィレッジの姿に驚いた

8月から、双葉北小学校の先生方は全員、双葉北小学校以外の学校に兼務として勤務することになりました。そこで、先生方個人の指導資料を持ち出すためと、整理が終わった諸表簿や事務用品を学校へ戻すために、7月中に学校への立ち入りを行うことになりました。普通、県中から双葉郡に行く場合には288号線を通るのですが、警戒区域への出入りのチェックや車の除染などの関係なのか、Jヴィレッジを通らなければなりません。そのために、いわきまわりの道になります。ものすごく遠回りです。

集合は、いわきの合同庁舎でした。なぜなら、警戒区域に立ち入る際に一人ひとりが身につける線量計をいわきの合庁で貸し出ししているからです。積算線量計を受け取ってから、立ち入るために届け出が済んでいる2台の車に先生方が分乗しました。そして、Ｊヴィレッジで身じたくです。

息子がサッカーをスポ少でやっていたので、何度かＪヴィレッジにきたことがありましたが、あまりの変わり様に驚きました。入り口自動ドアには全日本の男子チームの大きな写真があったのですが、その前には防護服の入った段ボール箱が山積み。いつもきれいに剪定されていた街路樹の下には全面マスクのごみが山積み。何度か息子と通った室内練習場は、放射性物質に汚染されたごみ置き場になっていました。そして、わたしたちは一歩も入ることが許されなかった、Ｊヴィレッジ自慢のきれいな緑の天然芝グランドには数え切れない車、作業車、トラックが停められていました。それに、今までみたことのない建物があちこちに建てられていました。わたしでさえ、こんなに愕然としたのです。このＪヴィレッジを、サッカー命の息子には見せられないと思いました。

中に入ると、たくさんの方々がいそがしく働いていました。ここにいるのは男性ばかりだと勝手に思っていたのですが、女性もいらっしゃいました。持っていた線量計は０．１以下。コンクリートで作られているからなのか、驚くほど低く、『このＪヴィレッジがあってよかったな。』と思いました。ただ、ほとんどの人が真っ白い防護服を着て、全面マスクをしたり、青い布

Ｊヴィレッジの駐車場に新たに何か作られている

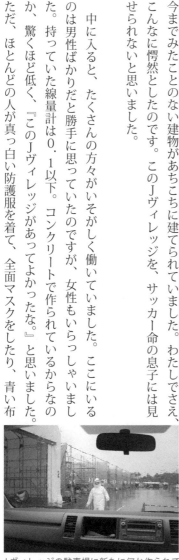

の帽子をかぶっていたり、所狭しと積み上げられた防護服の箱が置いてあったりと、現実の世界とは思えない光景ばかりです。きょろきょろ、おどおどしているのはわたしたちだけ。働いている人たち、休けいしている人たちはみな落ち着いて静かに自分の仕事をしていました。(7月はこの状態でしたが、秋に報道陣に公開されたという映像を見てびっくり!!あの大量の段ボールやビニールぶくろ、張り紙などが全部なくなり、ほとんど元のJヴィレッジにもどっていました。その映像を見て『あの荷物を片付けたのは大変だったろうな。あれだけのゴミ、今度はどこにおいたんだろう。あの大変なときの状況を、こんなことところでがんばっています!っているのをそのまま国民にみてもらったらよかったんじゃないか?きれいな部分しか見せてこなかった今までを反省していないな。』と思いました。)

107　学校への立ち入り　学校まで

楢葉→富岡→大熊→双葉と、道路のあちこちきれつが入っているところには大きな鉄板が引いてあったり、陥没しているところには砂利が詰められて安全に通れるようにしてありました。どうしても危ない箇所にはカラーコーンがおいてあります。地震で路肩がくずれている6号線は、道路を直す工事中でした。若いお兄さんも働いているのが見えました。「外で働くなんてすごい。」「健康面は大丈夫なのかな。」「こわくないのかな。」「何時間外にいるんだろう。」車内でみんなが口にするのは、ここで働いている人の健康面の心配でした。

先生方が持参したマイ線量計で空間線量を測りながら進みましたが、やはり、線量が低いところと、高いところがありました。大熊町のプラントというショッピングセンターから少し北に行った6号線では70マイクロシーベルトを越える箇所がありました。防護服を着て、帽子をかぶって、手袋をしてマスクをしていますが『この空気、吸っても大丈夫?』と思ってしまいました。窓から東京電力第一原発の排気筒が見えたとき、『あそこで働いている人が今もいるんだもんね……。』と、とても不思議な感じがしました。

懐かしの学校へあと500M!というとき、車の前にダチョウが。姿勢良く首を伸ばしてこちらを見ています。残念ながら、何も食べ物をもっていなかったのであげることができませんでした。双葉町のとなりの大熊町で飼われていたはずのダチョウです。これからもがんばって生きていって欲しいと思いました。

懐かしの学校に登る坂。先生方も、何ヶ月ぶりの学校の周りの様子に驚きながらキョロキョロ。「ずいぶん枝が折れたね。」「雑草の勢いがすごいね。」「あ

人なつっこい、迷いダチョウ

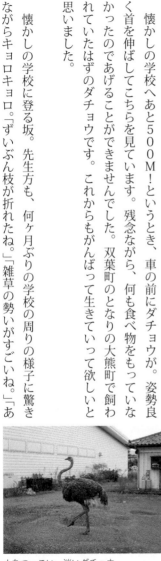

そこもここも、瓦、落ちてるね。」「塀がずいぶん倒れているね。児童の下校の時間じゃなくて良かったね。」「地割れのはばはそのままかな。」「逃げたときのままだな。自転車や手押し車、乗用車がそのままだ。」などと話していると、誰もいるはずのない学校に、人がいました。びっくり!!「わたしたち、放射線管理者です。学校から持ち出す物すべての線量を測ります。」と、3人の方が入り口付近の車の中で待っていました。

108　学校への立ち入り　学校の中はあの日のまま

懐かしの入り口。セコムの警備を解除する必要はありません。ブレーカーも落としてあり、停電になっていますから。鍵を開けて入ろうとすると、放射線管理者から「校舎内の線量を測ります。安全が確認されれば入れます。」といわれ、先生方は外で待っていました。その間にも「草には触らないように。砂の上ではなく、じゃりの上の方が線量、若干低いからそういう所を選んで歩いて。用がないならあちこち触らないで。」と諸注意がありました。

校舎内から、放射線量を測った放射線管理者が戻ってきました。「どうぞ、お入りください。放射線に関して注意していただきたいことがあります。」と。

どんなことを話されたかというと

①7月末。あまりにも暑くて具合が悪くなってしまうと大変なので、できる限り短時間で行いたい。また、防護服の帽子をかぶると暑すぎるので、布の帽子にしたい人はそれを差し上げる。具合が悪くなったら、無理をしないですぐに申し出て欲しい。

②床のほこりをほんの少しティッシュでふいてサーベイメーターで測ってみると、針が振り切れた。校舎内のほこりには、すべて放射性物質がついていると思ってくれて良い。

③学校から持ち出す物はすべて、紙1枚まで測るので、新しく敷いた敷物の上に置く。床は放射性物質だらけなので、そこに荷物を置くと、その底についてしまうのでここだけに置くように。

④もし、基準値以上の物があった場合にはその場で除染するが、除染しても線量が低くならない場合には学校から持ち出せない。

目に見えない放射線におびえながらも、これらの注意を受けてから先生方はまず、職員室の自分の机に。なつかしい！なつかしい!!あの避難所のお世話をしたときのまま。あの日の朝のまま。机の上にたまったほこりはさわらないように、引き出しを開けると、わたしの秘密のおやつ箱にはおやつが入ったまま。学校に販売に来ていたヤクルトさんから買ったばかりの野菜ジュースもそのまま。ハンコやペン、ファイルなどもそのまま。なつかしい！なつ

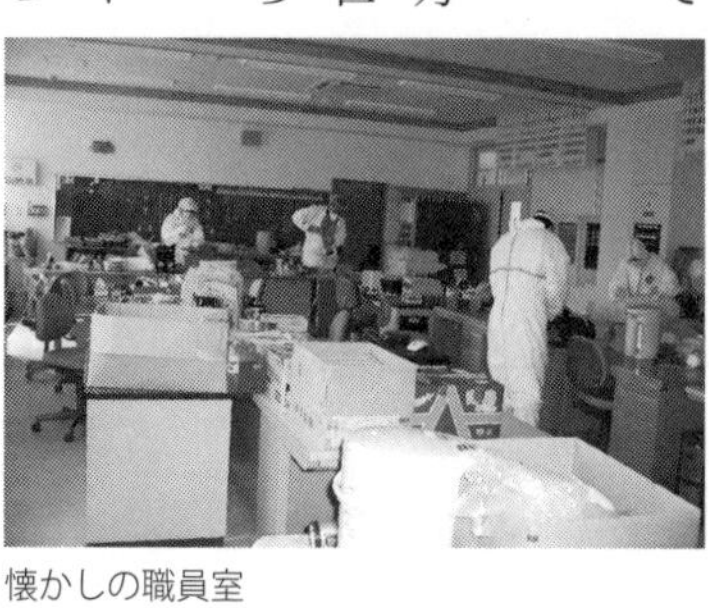

懐かしの職員室

かしい!!

そして、教室へ。あちこちほこりがたまっていましたが、途中の廊下の保健や外国語の掲示物もなつかしい。3階に上がって5年教室前に。廊下のフックには子どもたちの運動着袋。廊下掲示板には、2月に行われた宿泊活動スキーの写真。その顔はみんなカメラを向いて笑顔。教室は、避難所として一晩を過ごしたため、机とイスを一カ所に寄せてありましたが、掲示板には子ども達の学習の足跡。その週の時間割。ロッカーにはランドセルや荷物。歯磨き袋もそのまま。黒板の日直さんもそのまま書かれていました。

109　学校への立ち入り　スクリーニング

放射線管理者の指示通り、持ち出したいものはすべてスクリーニングをする敷き物の上に置きました。先生方は、子どもたちから預かったままになっていた写真、がんばって作り上げた新聞、作品、印かんなどを手元に返してあげようと、段ボール箱につめて持っていきました。もちろん、棚の上や机の上に出したままのものは放射性物質が多く付着している可能性が大きいのでやめた方がいいという忠告通り、机の中や棚の中、箱の中にしまってあったものだけを持ち出してきました。

わたしは、3階と1階を、7月下旬の暑さの中、防護服を着て、帽子をかぶり、マスクをして手袋をして、くつカバーをして何度も往復するので暑くて疲れて、スクリーニングをしているところで休けいをしていました。すると、「これ、お子さんに返すのですか?」と放射線管理者に聞かれました。「みなさん、そのつもりだと思います。」と答えると、「ぼくも双葉郡内出身ですが、双葉と大熊はいいですよね。原発から5キロ以内のものはすべてこうやって測るから、安全な数値のものしか持ち出せない。たとえば富岡は、5キロ以上だから、こんなに細かく測らない。自分の子どものものを学校から送られてきたら、いやですよ。ちゃんと測ったのかってききたくなります。いりません。放射線が心配ですから。」と言われました。なるほどなと思いました。そして、子どもを守りたい親の気持ちがよく伝わってきました。

持ち出したいものの中には、放射線量の高いものもありました。外部から持ちこんだ水で洗って除染しても、値が下がらなかったものは学校へ残すことにしました。また、除染して値が下がっても、なんだか気持ちが悪くて持ち出すのをやめたものもあります。

意外だったのが職員室の先生方の棚の中にしまってあった箱の外側が高い

本来ならきれいな花壇が続いていた

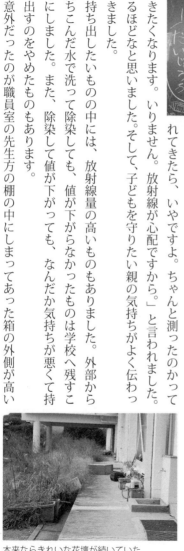

値で持ち出せなかったこと。これは、地震などでかべにきれつやすき間ができてそこから放射性物質が入ってきたのだろうということでした。目に見えない、本当に小さな放射性物質だから、こういうこともあり得ると。ぞっとしました。

2台の車にこれ以上荷物が積みこめなくなったので、2時間の予定が1時間と少しで終了しました。みなさん、あせだくです。外はきれいな青い空。どこまでもどこまでも真っ青です。気持ちがいいさわやかな風もふいていて、この心地よさがなつかしいのに、防護服を脱いで涼むことができません。荷物を校舎から車に積みこむほんの少し外にいる時間にも、積算放射線量がどんどん上がっていくからです。『こんなに過ごしやすい気持ちのいいきれいな学校だったのに。』この、大きな校舎に入りこんだ放射性物質のすべてを取り除くことは不可能だと、この日、思いました。

110　学校への立ち入り　またみなさんとお別れ

たくさんの荷物を積んだ車。また、双葉→大熊→富岡→楢葉と、国道6号線をJヴィレッジに向けて走ります。帰りの車内は何となくみなさん口数が少なく、周りの風景を目に焼き付けるように見ていました。地震でつぶれている家。コンクリートの床がくずれているガソリンスタンド。かたむいた電柱。ショーウィンドウの窓ガラスが全部割れているお店。津波がおし寄せてきた時に運んできたがれき。そして、人が一人もいない不自然さ、不思議さ。

運転手の教頭先生がいいました。「電車は来ないってわかっているけど、ふみ切りで停まっちゃうんだよな。」常磐線は、双葉町内の鉄橋が、地震で割れて落ちています。新地や富岡では駅も津波で流されました。常磐線の線路は、たった4か月で真っ赤にさびて、蔦の葉っぱにおおわれていました。

Jヴィレッジでは、わたしたちと車のスクリーニングです。車は異常なし。タイヤも入念に測ってくれましたが、大丈夫でした。でも「なんだか気持ち悪いから、どこかで洗車したい。」と教頭先生は話していました。わたしたちのスクリーニングは、ちょうど夏の勤務時間（暑い時間帯は、体調面で心配があるので勤務しないことになっているのだそうです。）が終了した、原発で働く方々とちょうど一緒になってしまいました。今まで原発で働いていた方々が次々に体育館に入ってきます。わたしたちも邪魔にならないように、見よう見まねで周りの人と同じように、防護服を分別して袋に入れていきました。「手ぶくろや防護服は裏返したままでいいですよ。」とか、「脱げなかったら破いてもいいですが、わさわさしないように。」など、近くにいた原発で働いている人がいろいろアドバイスしてくれました。手ぶくろは3枚重ねてしていたのですが、それらも別々に袋に入れました。周りの人たちは慣れた手つきでどんどんスクリーニングの列に並んでいきます。もたもたしていたのは、またしてもわたしたちの集団でした。

真夏。ものすごい暑さ。大きなぞうの鼻のような扇風機や、業務用の大きな扇風機があちこちにありましたが、本当に暑くて暑くて……。ここで毎日働いている人はすごい！と思いました。

いわきの合庁にもどって、積算放射線量を教えてもらい、「直ちに健康に影響する値ではない」と言われ、自分の荷物を受け取り、お昼を食べにいきました。警戒区域内での飲食は控えるように言われています。すぐ近くにあったおそばやさんに入りました。みなさん、今までの避難生活や兼務校での様々な物語があって、話がつきません。気心しれた仲間と、とてもとても楽しい時間を過ごしました。

そして、また、先生方とお別れです。いわき、福島、郡山、会津若松、南会津、埼玉、秋田……。ばらばらです。毎回別れは心細く、だれかの後をついていきたくなります。この生活が現実のことだと、まだ、心が理解していない感じ、なんだか宙ぶらりんの心のまま、また、みなさんとお別れをしました。

北小名物　空き缶ザウルス

111　リステル職員室閉鎖前日

いよいよ明日はリステル職員室が閉鎖になるという前日。全員で片付けをしました。埼玉加須市の騎西高校にある教育委員会に送る物と廃棄処分する物を分けて箱詰めしたり、掃除をしたり……。荷物がどんどん減っていく部屋はとても広く感じました。5月から3ヶ月一緒に働いていた町内の3校の先生方も、また知らない場所でそれぞれがんばらなくてはいけないと思うと、また、心細く寂しくて、何となくみなさん口数が少なくなりました。

双葉北小学校、双葉南小学校、双葉中学校の3校の先生方が、教諭も養護教諭も、栄養士も、みんなで協力して過ごしてきた日々。事務の先生方の仕事だけは手伝うことができなくて申し訳なかったと思っています。

具合が悪くなった人がいれば救急車を呼んだり、ドクターヘリがきたり、自衛隊がきたり、警察がきたり、町の議員がきたり、国会議員がきたり、副町長がきたり、カウンセラーがきたり。アンケートに答えた結果から、ここにいる人は今すぐ全員カウンセリングを受けて下さい！と言われ、受けさせられた答えは、みんな同じでした。全員「ゆっくりする時間を持ってください。」……そんな時間、持てる状態ではありません。「極限状態です。受診をおすすめします。」……みんな、同じです。わかっています。精神状態がふつうじゃないというのは。でも、どうすることもできないのです。何も、状況が好転しないのだから、当たり前です。同じ部屋の、移動黒板で仕切られたすぐとなりで、次々にかかってくる電話の対応に追われたり、どなりこんできた町民に必死で説明する役場職員も気の毒になるときがありました。

リステルのホテルの従業員が、ハンドマッサージをしてくださるという時があって行ってみました。その時、あの震災以前からずっとしたままで一度も外さなかったブレスレットをはずしました。すると、なぜか後から後から涙が出てきて、ハンドマッサージをしてもらっている間中、泣いてしまいました。人前で泣いたのは、それが初めてでした。

毎日毎日、大いそがしでした。初めてのことばかりの中でも、何をどうしたら良くなっていくのか、いつも考えていました。帰町できるのか、見通しはあるのか、自分たちにできることは何か、子どもたちはどうすればいいのか、学校の再開はあるのか、新聞やニュースの情報に一喜一憂し、喜怒哀楽を共感できる仲間がいたリステル職員室に、少しの期間でも居られたことは、幸せでした。

112　リステル職員室閉鎖

今日でリステル職員室が閉鎖という日、保護者からたくさん連絡をいただきました。電話やメール、直接訪問もありました。「今までありがとう。」というお礼から、「気軽に話せる人が居なくなる。」

という不安も多く聞かれました。わたしは双葉北小学校に転勤してきてまだ1年が過ぎない内にこんなことになってしまいましたが、担任していた学年はもちろん、それ以外にも、よく話したり情報をやりとりしたりできる保護者が増えました。それで、心配事があったらいつでもどうぞと、わたしの携帯の番号やアドレスを教えました。これは、震災前の普通の生活の時、管理職からやらないようにと言われていたことです。でも、今は非常事態。この非常事態はどのくらい長く続くのでしょうか。そう簡単には終わらないと思います。携帯電話で連絡を取り合うことぐらいしか、心が折れそうな保護者の力になってあげられないと思ったのです。

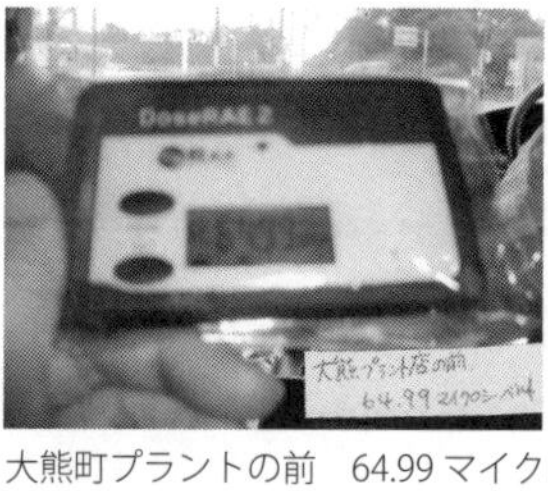

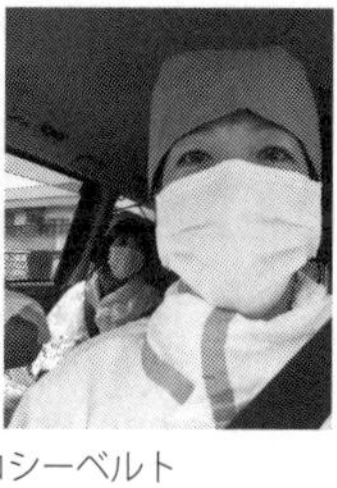
大熊町プラントの前　64.99 マイクロシーベルト

113　兼務始まる

わたしはできれば、元担任していた、現在少し登校拒否気味で困っている子がいる学校へ行きたいと思っていました。しかし、決まったのはその近くの学校でした。

この兼務に慣れるのに、けっこう時間がかかりました。避難町民と一緒の生活から、自宅がある人たちとの生活。電話やメール、手紙で全国に散った顔の見えない子や保護者への支援から、目の前にいる子どもたちの指導。次はどこへ転校したらよいのかと生活の拠点が決まらない子どもたちと、ふつうに授業が行われ行事が行われている子どもたち。避難所から通う私と自宅から通う先生方。笑顔の会津の人と、会えば泣いている双葉の人。それが、当たり前のことだったのですが、ギャップの大きさにとまどいがありました。

そして、いちばんゆううつだったのが知らない土地、道の片道1時間の遠距離通勤でした。双葉では車で5分の通勤でしたからついつい比べてしまいます。でも、謹教小学校の先生方が助けてくれました。「近道はここだよ。」「安いガソリンスタンドはここ。」「ここに行くんだけど、一緒に乗っていこう。」「○時までだったら、駐車場とめられる。」など、遠距離通勤の私にいろいろアドバイスをくれました。出張の時にも、ナビも土地勘もないので地図で調べてからいくのですが、大抵は分かりやすい道を教えてくれました。同乗させてくれたときには、道中の名所なども教えてもらいました。これはとてもとても、うれしかった。分からない、知らないことが多いのは大人だって心細いのです。

7月までは、猪苗代まで片道2時間の通勤だったので、謹教小学校までは片道1時間強になり少しは良くなったのですが、若松市内の道路はものすごく混み合います。冬は、星空の元、家を出る毎日でした。

ちなみに、今年は平均で毎月3000キロ走っています。この1年で33000キロ走りました。燃費が、二駆の時は1ℓあたり8～9キロ、四駆の時は7～8キロの車（ISUZUのウィザード）に乗っているので、給油は毎週。オイル交換は1か月半に1回です。車をエコカーに買い換えようかと思いましたが、娘が「双葉を思い出せるから、この車に長く乗ってね。」と。あれから一度も自宅を見ていない娘にとって、家から持ってくることのできた大きな楽しい思い出の品は、この車しかなかったのです。

114　兼務校で放射線教育

謹教小学校では、秋に市教委から先生をお招きして放射線の授業を行っていただきました。先生方はそれを参観して、「見えない放射線をいかに分かりやすく子どもたちに説明するか。」の大切さを理解しました。年明けの公開授業研究でも放射線の授業を行った先生もいました。

謹教小学校には、兼務の先生が2人います。私と双葉郡浪江町の浪江小学校からきている先生です。二人とも原発避難者です。とても濃い放射線量の双葉郡と、ほとんど影響のない会津地方の子どもたちへ教える内容が同じわけがありません。たくさんの情報の中から、市教委や公開授業研究の内容を元に、これとこれは、会津の子どもたちに合うのではないかというものを選び、二人で分担して全クラスに指導に入ることになりました。来年度から本格的に放射線教育が入りますが、今年度のうちに知っておいて欲しいというものがあると考えたからです。とにかく、子どもたちのこれからの健康を守るために、自己防衛をしてもらうために、無用な被曝をさけてもらうために、先送りすることはよくないと思ったのです。子どもたちの「今」が大切であると、日々の生活から感じていました。

私は上学年を担当しました。事前のアンケートから分かりましたが、上の学年になるにしたがって、「なぜ、このようなことになったのかを知りたい」と原因を追求する子が多かったのが印象的でした。どの学年の子も「放射線って何なのか、なにが危険なのか知りたい」という疑問は同じでした。そこで、「なぜこの授業をするか↓地震↓津波↓原発事故↓放射線の特ちょうと何がこわいのか↓どこにたくさんあるのか↓自分たちにできること」という流れになりました。45分の授業で行うにはめいっぱいの情報量になり、主にスライドを使って説明をすることにしました。

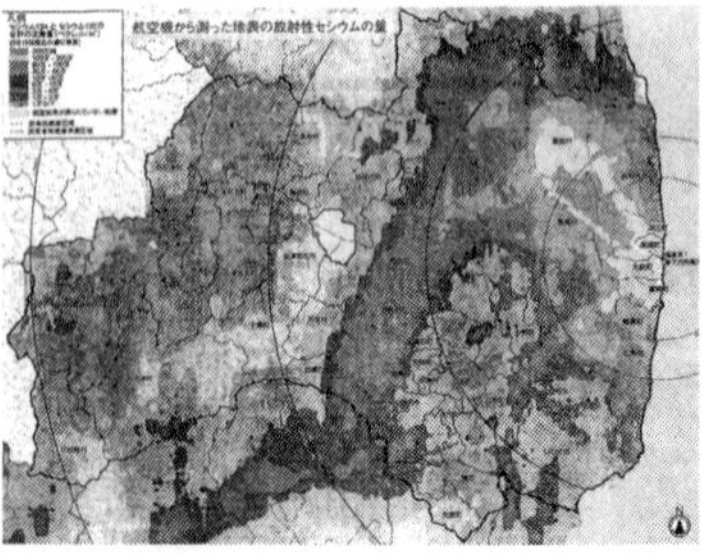

授業で使ったスライドの一つ

低学年は浪江小学校から兼務で請教小学校にいる先生が担当しました。模型を使ったり、実際に動いたりして、分かりやすく教えました。

授業後の感想で子どもたちは「どこにたくさんあるのか分かったから気を付けられる。」「自分の体を守るために、ふだん自分たちがやっていたことを続けていく。」「分からなくてもやもやしていたのがはっきりしてすっきりした。」と書いていました。

事前アンケートで気になったことがあります。困っていることはありませんか?という質問に「県外に行って福島から来たというと白い目で見られる。」「県外に遊びに行って福島から来たといったら避けられた」「県外で福島の人といいにくい。」と答えた子が結構いたことです。県外の方々でも、好意的な方の方が多いと信じています。でも、純粋な子どもたちの心に残った「困ったこと」は、他県の方々の「福島」に対する「目」でした。会津地方は、風評被害でも苦しんでいます。「福島」とひとくくりにして見られているのをひしひしと感じます。

県外では、原発事故についてはほとんど報道されなくなっていると、東北以外に避難された方が話していました。この間、お電話でお話した某テレビ局の東海地方の方も、「まだ、放射能の問題は続いているのですか?」と話されていました。信じられない!!と驚きました。テレビ局の人でさえ、フクシマの問題が終わったと思っているなんて。「一度自分の目で見に来てください。」と伝えました。

115　防災グッズ

震災後、お店で「防災グッズ」を目にすることが多くなりました。とても良いことだと思います。

うちは地震前からも防災面でいろいろ準備していたので防災面での生活に変化はないのですが、車のガソリンが四分の一になる前に給油すること（燃費面では良くないのですが、今回の震災で、この習慣が役立ったのでした。）と、車におやつやひざかけなどを積んでおくこと、ほっかいろ常備は気をつけて継続しています。新しく補充したものは、ランタンです。懐中電灯だけでは大変な場面が多かったからです。お店やさんからいただいた景品のランタンと、自宅への一時立ち入りの時にキャンプ用のランタンを持って身近に置くようになりました。

揺れでたんすなどが倒れないようにするための「つっ張り棒」ありますね。あれは、揺れが大きすぎたのか、天じょうを突き抜けて、天じょうに穴があいてしまったという友達がいました。うちは柱とたんすにゴムのようなバンドをねじで止めるものを使っていました。本だなの中のものは床に落ちましたが、たんすも、柱も無傷でした。もし、つっ張り棒だったら、家を直すときに天井も直さないといけなくなってしまうなと思いました。

116　双葉北小学校あの時5年生　集合2回

双葉北小学校で担任していたクラス。この1年で2回、集合しました。もちろん、全員集まることはできないので、集まれる人で集まろうという感じです。1回目は8月13日に、那須甲子自然の家。

もう1回は、3月3日にハワイアンズでした。とにかく、突然、離れ離れになってしまったみんなと会いたい！という意見が、避難してからずっと子どもからも保護者からもありました。そして、「会える」目標を持つことが、生きていく目標にもなるということで実施することにしたのでした。

1回目は、あちこちに避難している人たちが分かりやすい高速道路インターの近くで、あまり放射線量が高くないところで、安く泊まれるところ。子どもたちにも「みんなに会ったら、何をしたい？」と尋ねると、「本当だったら6年生の夏に緑の少年団でやるはずだったキャンプ！」という声が多く、自然の家に決まったのでした。みんなで作ったカレーライス。みんなで囲んだキャンプファイヤーの大きな炎。お化け役の保護者がこわすぎてどきどきしたナイトハイキング。夜おそくまで話していたテント泊。みんなで協力したスコアオリエンテーリング。解散してからも、みんななかなか離れがたくて、キャッチボールをしたり、散歩をしたりの夏でした。

2回目は、小学校を卒業する前にもう一度会っておきたいという希望から、3月に、雪の心配のないところで日帰りを計画しました。雪の心配のないところと考えたのに、前日が県内大雪で、関東から参加する方たちはわざわざタイヤを交換して来てくれました。成長期の子どもたち。背が大きくなってとても大

スキーするより雪遊びしたい！

双葉中で行われた町内陸上競技大会

人びてきました。でも、久しぶりに会ったはずなのに、あっという間に元通り。くっついたり離れたり笑って笑って楽しそうでした。

このときには、今後について話し合いました。これっきりで終わりにしたくない。年に1回は、会いたい。長期休業の前後だと、ハワイアンズもすいているかも。じゃあ、3月にハワイアンズで。ということと、「双北の光」は、回数が減っても、これからも続けて欲しいということでした。

なんというか、この仲間はほっとするんです。大人の私でも、この仲間は安心できるというか、疲れをなかったことにしてくれるというか、懐かしいかおりがするというか、幸せだったあのころを思い出させてくれるというか……。保護者の方からの後押しもあって、この再会の会はしばらく続きそうです。

117　双北の光

日中は謹教小学校の仕事をし、夜や休みの日は双葉の子達からくる手紙やメールの返事を書き、保護者と一緒に悩みの解決に向けて話をし、元担任していた子達とその家族に向けて手紙を書き続けました。その手紙は「双北の光」。

双葉北で身に付けたたくさんの知識を使って、全国各地でその光を放って欲しいと願ってつけたこのお手紙は、3月12日現在、67号になりました。この67号には、双葉北小学校での卒業アルバムがなかった子どもたちに、少しですが双葉北小学校での写真を送ったのでした。できるだけ、子どもたちが思い出せるようなできごとの時の写真を選んで。

パソコンなど何もない4月12日から書き始めた「双北の光」は、ほぼ、手書きです。ノート5冊になりました。書いた手紙は5円コピーでコピーして、封筒のあて名も差出人も手書きで、切手は自腹で続けていました。しばらくすると、みなさんからいろいろ助けられました。封筒に、あて名を書いてくれたものを送ってきてくれた子「ものすごくきれいに書きました。使ってください。」封筒や切手を買って送ってくれる保護者「子どもたちだけでなく、親も、おじいちゃんもおばあちゃんも愛読者です。」題字の「双北の光」を消しゴムはんこに作ってくれた子「不器用だけどがんばって作りました。よかったら、使ってください。」うれしかったです。本当に、うれしかったです。続けていいのかな?本当はいらないんじゃないかな。迷惑じゃないのかな。と、不安に思っていたときにも、自分を奮い立たせることができました。

3月3日にハワイアンズに集合したとき、子どもたちと保護者からメッセージのプレゼントをいただきました。そこに、「双北の光」について書かれていたのものがあったので紹介します。

「震災後の一年間、先生のお手紙はわたしたち親子の精神的な支えと楽しみになっていました。」

「震災から手紙や、子どもたちのためにいろいろ働きかけていただいたことに感謝します。」

「先生の書く『双北の光』で心がすくわれました。」

「この1年間、『双北の光』で子どもたちと保護者を励まし、支えてくださったことに心より感謝しております。いつも、元気をいただきました。」

「震災後、先生も大変なときにありがとうございました。」

「私はたくさんの人に支えられてここまでこれました。先生もその一人です。お忙しいのに手紙を送ってくださって本当にありがとうございました。」


これでいいのか、やっていいのか、いつもいつも悩みながら書いていました。手紙のほかに、役立ちそうな情報も同封していました。その情報が正しいか、正しくないかの判断は、相手に任せて。とにかく、耳に入った情報はかくさずに知らせていました。「悩んだら行動に移すこと」をいつも子ども達に話してきた私。自分が模範を示さねばとも思っていました。結論。続けてよかった。私も、人のお役に立つことができました。

遠足は浪江町のマリンパークなみえだった

118 あれから1年目をむかえる

新聞、テレビ、地域は、3月11日を記念日としてお祭りのようなイベントを計画していました。「テ

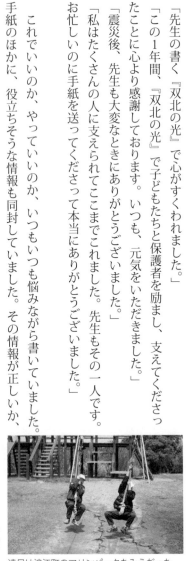

レビは特集ばかり。少しでも地元が映っていないかと思ってついついみてしまって、結局、涙涙で、見なければ良かったと後悔しています。」とか、「静かに迎えることはできないのでしょうか。」と保護者の方からメールをいただきました。私も、「セレモニー」だとか、「記念日」だとか、「あれから1年です。」という言葉を聞くたびに、いやな思いをしていました。だれに言われなくても、今現在、避難生活を続けているわたしたちは、一日だって忘れたことはない日なのですから。でもテレビでは、「あの日を忘れず……。防災意識を高め……。なくなった方に哀悼の意を……。」と言います。わたしたち、被災者だけの日ではないということも分かっているので、だまって堪えていました。

当日も、いろいろなメールが来ました。「何していますか。」「いやな日です。」「忘れるためにゲームに夢中です。」「ろうそくに火をともしてきました。とてもきれい。」「テレビ見るのもいやでその辺ぷらぷらしています。」「復興のためにたこをあげました。」「親類が津波でなくなったので追悼式にできました。」被災者はそれぞれ、様々な思いを胸に、この日を過ごしました。

「復興が進んでいます！」とよく耳にしますが、本当ですか？原発被災者の復興は、進んでいますか。この1年で、3回しか自宅に帰れませんでした。子どもたちは、1度も自宅を見に行けません。義母は、避難したためにそれまで通っていた病院に通えなくなって10月に亡くなりました。叔父は避難所暮らしで誤飲性肺炎になり突然亡くなりました。津波に飲まれた教え子は3人。まだあと1人、見つかっていません。もしかしているかもしれない警戒区域内に探しに行けません。ほかに、津波でなくなったのは以前勤務していた学校でお世話になった「村上田植えおどり」の先生方、元担任していた子の保護者。用務員さん。親戚。あんなにお世話になった方々なのに、お葬式にも行けない方が多かったです。ちりぢりになったご近所さん。新聞の死亡欄には、自宅の住所ではない、遠く離れた場所での告別式の案内。わたしたちはこれからどうすればいい？何を信じればいい？…この1年がそうだったように、国は、本当のことを国民に言わないと分かりました。すべての判断は自分自身でするしかないと思っています。こんなに、心細い生活、早く終わりますように。

119　心の健康

こんな生活が1年以上続いています。「がんばれ、自分！」と自分を奮い立たせるのが1年以上毎日続いています。大人も子どもも、いつまで持つでしょう。なんとか、自分をごまかし、気づかないふりをしていくしかないのかなあ、慣れてしまうしかないって分かっているんだけどねと、保護者と話すときもあります。もちろん、新しい環境にうまく順応している人もたくさんいるのですよ。

カウンセラーも、いろいろです。娘は、中学校でカウンセリングを受けた日、怒って帰ってきました。

「もう二度と、カウンセリングは受けない。かわいそうって言われたくて話をしているんじゃないのに、何を言っても『かわいそうに』って、特別な目で見る！もう絶対だれにも話さない！」と。息子も、「思い出すから、聞かないで欲しいんだよな。いやなんだよ思い出すの。話したいときには話すからさ。」と。私も「あなたは、何しにきたの？」と言われてしまいました。カウンセリングを受ければ、何か良いことがあると思っていましたが、かえってつらさがましてしまった3人です。

ここで、子どもの世界のこわさを紹介しておきます。ふだんは仲がよい友達は、けんかをすると急に「放射能、くるな。」といいます。「おまえ、弱そうだな。」と女の子にけんかをふっかけてくる男の子。女の子を「原発ちゃん。」とよぶ男の子。「放射能、うつるんでしょ。」と聞く女の子。「原発のそばの人ってたくさんお金もらってんでしょ。いくら？」と言ってくる男の子。「あなたのものは、みんなもらいものでしょ。」という男の子。こんなことを言われて心に傷を負っても、子どもはすぐに大人に教えません。しばらくがまんして、反撃して、なんとか話せるようになってからやっと「あのね、こんなことあったんだよ。」と教えてくれます。

自分でも驚いたことがあります。ある日、職員室にいたとき先生方の携帯電話の緊急地震速報が何台も鳴りひびきました。そのとき、何百人もの携帯が一斉に鳴り続けていた避難所の様子がぱっと思い出され、心臓がばくばく、冷や汗がでてその場から一歩も動けなかったのです。そんな自分に驚きました。

120 双葉郡以外ではもう過去のこと

この間、5年生の男子が話していました。「あれ?震災って、何年前のことだっけ?」「何言ってんだよ。まだ1年経ってなかったんじゃ…なかったっけ?」一人はすでに過去のこと、もう一人はうろ覚え。仕方がないのでしょうね。当事者になる前、私もそうだったかもしれません。

兼務として勤務し始めてから、地震の時の学校の様子、津波のこわさ、避難しているときに助けてもらったことなど、謹教小学校の子どもたちに話す機会が何回かありました。はじめは、シリアスな雰囲気に耐えられずおちゃらけていた男の子も、実際に県内であった話に、真剣に耳を傾けました。津波からお年寄りを助けるために自分が亡くなってしまった高校生と、助けられたお年寄りの苦悩の話や、津波に一緒に飲まれて、周りの人を助けて自分は沈んでいってしまった大人の話などは、私もつらくてなかなか話せなかったのですが、高学年のクラスで話しました。死ぬのも生きるのも大変だったことを理解してくれると思ったからです。

どのクラスでも、子どもたちは家庭に帰ってから私の話を伝えてくれる子がいました。「お母さんが泣きながら聞いてくれた。」『その時』の続きを読みたいって。」「同じ県内でも被害のあんまりなかった会津では大変さがよく分からなかったけど、分かったって言ってた。」と子どもたちが教えてくれたり、保護者の方から直接「先生の『その時』ファンだからね。会津は何の被害もなかったの。だから、余計に驚きます。」「先生、がんばっているんですね。私たちも、がんばんなくちゃ。」と声をかけられたりすることもあります。そんなとき、謹教小学校に来ることができてよかったと思います。

私には、こうやってあの時の様子を、その後の様子を、先生方に伝える「場」をいただくことができました。日にちがたてば、当事者以外の記憶からどんどん消えていく東日本大震災。原発事故。阪神大震災の時にも様々な記録が残されたそうです。この「その時」も謹教小学校の先生方の目に一度はふれました。これを書き始めるきっかけとなった、校長先生の「先生方に、危機管理意識を。子どもたちに危険回避能力を。」の、お手伝いを少しはできたかもしれないと思います。

121　最後に

浜通りの、からっと澄んだ青い空のよく似合う双葉北小学校。この写真は、2月中旬まで、双葉北小学校の耐震工事を行ってくださった間組の所長さんが撮っておいてくださった写真です。この頑丈な校舎が子どもたちを守ってくれたお礼を、1年経って、やっと伝えることができました。この学校に子どもたちの声がもどる日ははるか先のことだと思います。でも、子どもたちの心の中に、すてきな思い出と一緒に生き続けるものと信じています。

この耐震工事をしていなかったら、この双葉北小学校はつぶれていたに違いないと、耐震校時前から勤務されていた先生が話していました。

あんなきれいな校舎に帰ることができないのはもったいないけれど、命を救ってもらったと。

2月の双葉北小学校

浜通りの冬は毎日よく晴れる

キャリア教育として、工事現場見学・勉強会をさせて頂きました。

FCフレズ
21

第二章　あの時

２０１１年3月11日　午後2時46分
東日本大震災の始まり。第一回目の長い激しい揺れが終わる頃、
双葉町は2階の屋根の上まで土煙に覆われた。
町が土煙に飲み込まれた光景を、
高台の小学校の3階から見下ろす子どもたち。
「……何だこれ……？」
そして、次の日の朝の避難指示。
そこから、それぞれの家庭にそれぞれの物語ができた。
「あの時」どう過ごしてきたのか。小野田家の場合。

1　川俣から浅川へそして、南会津町へ避難「どうぞいらしてください」

３月12日の朝。双葉町の町内放送の指示通りに川俣方面に出発しました。主人の車にはおじいちゃん、おばあちゃん、おばさん、犬のわび。私の車には娘と私。そこに、おばあちゃんの布団を積み、この2台で避難しました。（息子は、中学校の避難所から友達のお母さんの車で避難しました。）家族の中で、一番心配だったのは病気がちだったおばあちゃんです。でも、同じ方面に向かったはずの主人の車は見つかりません。おばあちゃんも、おじいちゃんも、おばさんも、犬のわびも、川俣町のどの避難所にもいませんでした。

やっと電話が通じた３日目。おばあちゃんたちは東和町のおばあちゃんの妹の嫁ぎ先に避難していることが分かりました。そこで、私と子どもたちの３人も、ひとまず、私の実家、石川郡浅川町に避難することにしました。友だちと離れなくてはならない子どもたちは大反対でしたが、この、武道館に長くいることはできないと頭の隅の方で何かが言っていたのです。一番は、なま暖かい風が、浜通りの方から吹いてきています。目には見えませんが、その風に、危険なものが乗ってきているのではないかという不安でした。他には、食事面と衛生面が心配でした。

浅川には、深夜に着きました。川俣から郡山を通って浅川まで行く道中は真っ暗な道が続きました。普段ならあり得ない、真っ暗な郡山市。おそろしい光景でした。

主人にも、南相馬市の石神中学校の避難所のお世話をいったん休ませてもらって浅川に来るよう話しました。散り散りになった家族を集めなくてはいけないと思ったのです。何時間もの説得の上、やっと、主人もこちらに来ることになりました。ただ、どのくらい被曝しているか分からないまま、ジイジやバアバに迷惑はかけられないということでスクリーニングを受けてから来ることに決まりました。

私はその間に、次の避難所を探しました。実家には私の両親が2人で暮らしています。その、小さくてかわいい家に、嫁ぎ先の7人家族がお世話になることはできません。どこに行けばいいか、地図を広げて考えました。ちょうどその時、私が避難してきたことを知ったおじ（母の兄）が地図にコンパスで円を描いて持ってきてくれました。「なんだか、原発から100キロ離れた方がいいって聞いたぞ。浅川は60キロだから、どうせ避難するなら遠くに逃げろ。」と。100キロ離れるところといったら、会津地方か県外です。でも、会津若松方面に逃げた友だちから、道がものすごく混んでいるし、体育館はどこも避難者でいっぱいだと聞いていました。関東の方に行こうかな。東京に親せきがいるし。でもやはり、7人の大所帯は無理だよなあ。新潟まで行こうかな？でも、知り合いが一人もいないし……。

困って地図を眺めていたら「南郷」の文字が目に入りました。ここだっ！私と主人は若いころ、主人が南郷中学校、私が只見の明和小学校に勤めていたことがありました。長男も、ここで産まれたのです。その長男を1歳か

卒業式の掲示のままの双葉中学校

ら1年間、預かってくれた親切な五十嵐さん一家もいます！それで、南郷に、避難所があるかどうか聞いてみようと、電話をしました。すると、「駒止峠を越えるのは遠いだろうから、田島あたりであいていないか聞いてみたらどうだろう。」という話になりました。

そして電話帳で南会津役場の電話番号を探し、おそるおそる電話をしてみると、「どうぞいらしてください。」と。「南郷の五十嵐さんからもお話がありました。」と言ってくれたではありませんか。しかも、「今すぐ来てもらってもよいけれど、今は雪が降っているし、くずれている道路があったら大変危険なので、明日、明るくなったらでどうでしょう。」とアドバイスしてくださいました。一気に、霧が晴れた感じがしました。とても、とても、とてもありがたいと思いました。

自宅の２階のベランダから見える景色。１年中花が咲く大好きな庭。川内村の電波塔も見える。

2　スクリーニング　不安そうな子ども達

南会津まで避難することが決まりましたが、ガソリンが足りません。そこで父と母があちこちのガソリンスタンドに並んで、少しずつガソリンを買い集めてくれました。たくさん荷物を積めるし、雪道の南会津には4輪駆動がいいと考えてわたしの車1台で行くことにしました。主人の車は、この状況が落ち着いたら取りにくることにして実家に預かってもらいました。

お店や食堂、ガソリンスタンドなどは、浜通りも中通りも開いていません。コンビニの棚にはかんづめばかりが残っている状態です。いくつかだけ残っていたパンを買って、ちょっとしたかぜ薬や頭痛薬を実家からもらって、田島に向けて出発しました。

田島までの道中、どの町もひっそりとしているのに、ガソリンスタンドだけには長蛇の列でした。かわら屋根のぐしは落ちている家が多く、塀もくずれている家が何軒かありました。そんな光景を見ながら、できるだけガソリンを消費しないように、燃費の良い走り方を心がけました。

那須山に入ると雪が降りはじめました。しかも、ぼさぼさと大きな雪が降ってきます。そのときは、その雪にも放射性物質が付いているなんて知らなかったので、久しぶりに見る雪が、ただ、きれいだなあと思いながら運転しました。

南会津町役場に着くと、「受け入れるためには、スクリーニングを受けて欲しい。」と言われました。主人は石神中学校から浅川町にくるとき、郡山でスクリーニングを受けてきています。とても混んでいたそうで、軽く1時間待ってから測定。結果は異常なしでした。簡単なメモ書きのような証明書ももらっていたので、何もしていない私と子どもの3人が行うことになりました。

被曝していないかのスクリーニング。病院の裏の裏の、裏の方での検査で

中学校へ続く道に緑の門ができた

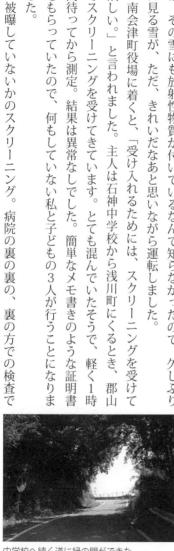

した。この検査も、私たちが隔離されているようで、何か悪いことをした人のようで、悲しかったのを覚えています。

全身、足の裏、手のひら、かみの毛、車、タイヤ……。細かく測って頂きました。子ども達は、見たことのない機器で「何か」を測られている間中、とても不安そうでした。結果は、3人とも、「異常なし」。これで、南会津の避難所にお世話になることができます。被曝しているはずがないと分かっていても、ほっとしました。

3　役場で受け付け　役場の方々の優しい笑顔

スクリーニングで「異常なし」と分かったわたしたち4人を、南会津役場の担当者の方はやさしい笑顔で迎えてくださいました。今まで、あちこちで不安な顔、どなり合い、苦情、困った顔に囲まれていたので、その笑顔は忘れられません。

南会津で避難所のために開けてくれたのは集会所でした。他市町村のように体育館だと、天上が高いのでいくらストーブをたいても暖かくなりません。しかも、浜通りの人たちは普段暖かいところに住んでいます。だから、燃料不足の今、少しでも暖かく過ごせる避難所はどこかと考えて、集会所を開けることになったそうです。会ったこともない人たちのためにそこまで考えてくれているなんて…。

本当に南会津の方々に頭が下がります。

4　自然とルールができました　入れ替わり立ち替わりの避難者

役場の人に案内されて着いたのは、「松の下集会所」。とてもきれいな集会所で、近くの民宿から集めたという布団が山積みになってあったのが印象的でした。そこには、すでに10名近くの人が避難していました。富岡町といわき市からの避難者でした。

「好きな布団取って、好きな場所に敷きな。」と富岡からの避難者に言われました。外はしんしんと雪がふっています。しーんと静まり返った避難所。かべを向いて寝ている人。小さく小さくラジオをつけている人。携帯電話を見つめている人。いろいろでした。私たちが始めに避難していた川俣の武道館は３００人ほどいたこともあり、しーんとすることは夜中もなかったので、妙な緊張感がありました。

避難者もいろいろでした。夜中に、誰にも何も告げず、ひっそりぬけ出していなくなってしまう家族。じっとしていられない小さなお子さんと、ほかの人に迷惑をかけてしまうのではないかといつもどきどきしていたその子のお母さん。津波で何もかもなくしたと自暴自棄になっているおじさん。いつもいつもけんかばかりしている夫婦。地震でできた地割れに足がはまり、大きく切れ、病院で縫ってはもらったが自分で抜糸してくれと言われた学生…。「抜糸、できますか？」と尋ねられましたが、「ごめんなさい。無理です。」とお断りしました。顔見知りになってくると、ぽつりぽつり自分たちの、あの時のこと、ここまでたどり着いたいきさつ、心配な親戚ご近所さんのことなどを話し始めるのですが、笑顔はなく、いつもみんな沈んだ顔でした。

　南会津町にお世話になっているので南会津町の燃料をあまり使わないようにしようとみんなで話し合い、外は毎日雪でしたから、とてもとても寒かったのですが、ストーブは必要最小限だけ着けることにしました。それに、ご近所の一人暮らしのおばあさんが「私は一人暮らしだから、電気ストーブあれば大丈夫。この灯油、使ってちょうだい。」とか、「うちも燃料なくてものすごく困っているけど、良かったらお風呂に入りに来てくれ。」と声をかけてくださる方もいました。松の下地区の方々に、本当に助けられました。

　電気も明るいときは付けず、夜も10時に消灯。玄関掃きや、雪かき、トイレ掃除など、できる人がやりました。おにぎりは、持ってきていただいたときはやわらかいのですが、時間がたつと冷たく固くなってしまいました。それを暖めるすべもないので、ゆっくりよくかんで食べました。見ず知らずの私たちのために、だれかが作ってくださっているおにぎり。できるだけ残さないように、みんなで分担しました。

屯所　町民のためにいつもありがとう

5　おじいちゃん達を迎えに行く

家族で話し合いました。おじいちゃんたちをどうするか。このまま離れて暮らすのか、連れてくるのか。子どもたちは、一緒にいたいと言います。おじいちゃんたちも、孫と離れるのはつらいだろうという結論になり、東和町から、この松の下集会所に連れてくることに決めました。

問題は3つ。①ガソリンが足りない。②子どもたちは、連れていけない。③おじいちゃんたちが、雪国に行くと言うか。でした。それと、この混乱の時期、もし、迎えに行った私と主人になにかあったら、子どもたちはどうなるだろうと、それも心配でした。それで、松の下集会所の避難者の中で、とても信頼できる富岡からの避難者のおじさんに「私たちに何かあったら、子どもたちを頼みます。」とお願いしました。また役場にも言っておいて、役場から私の実家に連絡して子どもたちを引き取ってもらおうとまで考えていました。

まず、私の実家まで1時間半ほど、私の車で行きます。そこから、ジイジの車で東和まで行って戻ってくるということにしました。なぜなら、私の車は燃費が悪いのでガソリンが足りるか心配だったからです。主人がジイジの車（マークⅡ）を運転して出発しましたが、「どうも行って帰ってくるにはガソリンが足りなくなるんじゃないか。」と平田村まで行ってから思ったそうで、今度は私が親戚の車（マークX）を借りて行くことになりました。無駄な時間とガソリンを使ってしまいましたが、これで、無事、おじいちゃん、おばあちゃん、おばさんの3人と、ペットの犬わびを連れてくることができました。

続けて乗車していておばあちゃんの具合が悪くなったら大変だと、浅川の実家で一休みしているときに、何となく『このおじいちゃんおばあちゃんの4人がそろうことは、もうないんじゃないか。いつもなら双葉で会っていたこの4人が、浅川で会うなんていうのも違和感がある。』と考え、記念写真を撮ることにしました。このときの、おばあちゃんのかわいらしい穏やかな笑顔が、7ヶ月後に遺影になるなんて、考えもせず。

中通りから会津地方に進むとふぁさふぁさと雪が隙間なく降ってきます。それを見ておばあちゃんが「どこに連れていかれるんだろう。まだなの?」と何度も口にして、とても心配そうだったのを覚えています。

避難所に着くと、それまで違う家族が入っていたトイレに近い小さな和室を、「おじいちゃんとおばあちゃん用に使っていいよ。トイレが近いのはいいでしょう。」と、他の避難者の方が譲ってくれました。ありがたいことです。

南会津に着いてから、病気のおばあちゃんは、自分の弟が住んでいる北海道の小樽に行きたいと話していました。それで、おばあちゃんとおばさんの二人を北海道に行かせたくて新幹線や飛行機が動いているか調べましたが、新幹線は止まったままでした。飛行機は、この先1週間以上、満杯ですと言われました。結局、北海道に行くこともできず、今まで行ってきた治療もできず、薬も足りず、1ケ月もしないうちに南会津にある病院に入院してしまいました。

息子の双葉中学校のサッカー部部室

6 何をしていればいいのかたくさんある時間　ボランティアに登録

毎日、何もすることがない息子と娘は時間をもてあましていました。積もった雪でカマクラをつくって遊ぶ娘には、直接雪を触らないよう気をつけさせました。放射性物質がくっついているかもしれないとこのころ、ようやく分かりましたから。他には、コインランドリーに洗濯に行ったり、町の図書館に出かけて本を読んだりして過ごしていました。どちらも歩きです。時間をつぶすということと、健康のために。時間はいくらでもあります。普段、思い切り時間を気にせずにできなかった読書。南会津町の図書館にはたくさんの本があります。素晴らしい時間でした。

それでも、体を動かしたいと思いました。そこで、その図書館の建物の一角にあった「ボランティア登録所」に行き、ボランティアの登録をしてきました。救援物資の整理や、おにぎり作りなどのボランティアがありました。

息子はサッカー少年です。南会津町の保健婦さんの中に若い男性がいらして、その方が、夜のフットサルに誘ってくれました。用具も服も（息子は、あの日中学校卒業した学生服のまま避難していました。）何もないので、その保健婦のお兄さんが自分のものを貸してくださいました。サッカーに出かける日は日中から、帰ってくるまで、息子はとてもニコニコして上機嫌。体を動かす大切さを感じました。また、田島の道をよく知らない私たちのために、その送り迎えもそのお兄さんがやってくれました。本当に、感謝感謝です。

7　1，000人がこなくなってしまった「自炊しますか？」

「富岡町からの避難者1，000人が、バスに乗ってどこに行けばいいか困っているというので、南会津町で引き受けることにしました。この避難所にも来るかもしれません。」と役場の方から言われました。県内の避難所がどこもいっぱいだというので、南会津町に行ってもいいかという連絡があったということです。松の下避難所の富岡からの避難者は「おお、だれくんだあ？」と喜んでいました。

大熊町はたくさんのバスで町民が町から避難したと聞いていました。富岡町もバスだったんだなあと思いました。

しかし、結局、この1，000人は来ませんでした。雪が降り、バスがスタッドレスタイヤではなかったことと、休憩に立ち寄った郡山のビックパレットから町民が動かなくなったというのが理由だと聞きました。準備万端にしていた町は、とても残念がっていました。そこで、「どうでしょう、自炊しませんか。」と話が来ました。米やふりかけなど、用意していたものがあるのでそれを使って自炊しないかということです。野菜などの食材はこういうものが欲しいといってくれれば用意するとも話してくださいました。

集会所なので、大きな鍋や法事用の茶碗やハシ、湯飲みなどがそろっていました。それを利用して、デイサービスの食堂で働いていたという避難者の方々は、塩と醤油しか調味料がないのに、少しの材料、残ったおにぎりなどを使って、それはそれはおいしいおかずを作ってくれました。若い頃、東京で板前をやっていたというおじさんは、それまで食べたことのない味のおいしい料理をつくってくれました。自分ができると考えた人が自分で好きな時間に20人分ほど多めにつくって、「あたたかいのあるからどうぞ。」と声をかけてくれました。とても、私の出る幕じゃありません。

庭の入り口の梅の木の下　線量は2.5 マイクロシーベルト

役場の方は「どんなことでも何でも言って。」と言ってくれましたが、お世話になっている身です。できるだけ、迷惑をかけないようにと、みんな、遠慮していました。なぜなら……避難所に来てから初めて役場のマイクロバスで連れて行っていただいたお風呂の時のことです。南会津町内のあちこちに分かれている避難所から集められた避難者でいっぱいでした。何日もお風呂に入っていない避難者が集まると、薄汚く、疲れた顔をして、ちぐはぐな服装。ものすごく異様な風景です。その中の一人になっている悲しさがありました。

荒れ放題の双葉駅

そのお風呂では「今までいい思いしていた奴らを助けることねえだろう。俺たちを助けてもらいたいもんだ。」と大きな声で話すオーナー。「うちだってガソリンなくて車出せないのにバスで連れてきてもらえていいよなあ。」と話すバスの運転手。避難者はみんな無言です。『いい思いって?』『私たちが悪いんだ。』『こんなに文句を言われるなら、お風呂我慢すれば良かった。』『避難してきてすみません。』『子どもたちには聞こえていないといいな。』という複雑な思い。あれだけはっきり、人から文句を言われたのが人生で初めてという経験が、この避難生活にプラスされて、心に大きな傷を持つことになりました。……口には出さないけれど、そういうことを思っている人も多くいることを忘れてはいけないという教訓になりました。人生に無駄なことはありません。勉強になりました。

もう一つ、勉強になったことがあります。娘が学校に通うことができるようになり、4月になってから中学校へ行きました。すると、制服や通学カバンなどは、この3月に卒業した方々に、先生方が呼びかけて集めてくださっていました。鉛筆やノートは、町の商工会からいただけることになりました。「シューズと運動着も、協力していただけることになりましたから、お店に行ってください。」と、教頭先生から教えられ、地図を書いてもらい伺いました。

そこでのことです。一軒目、店の奥の方から怒鳴られました。「どーせくれてやるもんなんだ。サイズなんか合ってなくたってかまわねえだろう。」娘は、私が何か言い返すのではないかと心配して、私の服の裾を引っ張りました。その、心配そうな目を見て、「…ありがとうございます…。」そして、大きくてがぼがぼのシューズをいただきました。

二軒目「運動着は長袖と長ズボンしかやれねえよ。」(何でまた怒られなくちゃいけない?恵んでくれなんて言っていない。)と思いながらも、「ありがとうございます。半袖と短パンを注文したいのですが…。」「あ、買うの?その辺に電話番号書いといて。入ったら連絡するから。」……結局、案の定、夏休み前まで連絡は来ず、暑い夏も、娘は長袖長ズボンで過ごしました。かわいそうだったのですが、お店に私が行ったら、あの時の怒りを言ってしまいそうで行けなかったので、連絡を待っていたのでした。

大人にならば、言ってもいいでしょう。迷惑を被っているのだから。突然、

倒れたままの門　傾いたままの電信柱
しだれ桜と曇り空が悲しそう

見知らぬ人に「助けて」と言われ、平穏な生活を乱されているのですから、その気持ちも分かります。それでも、あの時のあの惨めさ、悲しさは、一生忘れません。何よりも、子どもに言ったことは、今でも許せません。

8　残ったのは双葉郡の住民だけ

会社から戻ってこいの電話。○日以内に戻ってこなければクビだ。原発で働いてくれないか。宮城で津波のあとの復興に来てくれないか……。避難者にはいろいろな電話が来ました。そして、1人減り、1家族減り……。最後には、双葉と富岡と浪江の避難者だけが残りました。帰るところがない人ばかり。あの地震の時に原発の建屋の中にいて、命からがら逃げた作業員もいました。誰も、浜通りに戻るとは言いませんでした。どこに行く当てもなく、これからどうすればいいか、みんな悩んでいました。

9　勉強が大変「この机、つかってください」

残った避難者が10人になった頃、役場の方が勉強机を持ってきてくれました。息子は、高校を受け直すことになりました。娘は、この町の中学校に入学しました。二人とも勉強をしなくてはならないのですが、落ち着いて学習する場所はありませんでした。それを心配してくださって、「大きくなった娘が使っていたものです。」「自分が学生の頃使っていました。」と2台も。おかげで娘も息子も、その机を使って勉強をすることができました。避難所は広くて気が散るだろうからと、物置の中を整理して、そこに机を置いて勉強しました。10時には消灯ですが、10時以降はその物置の電気だけつけて。

息子は、高校を受け直すと言っても、勉強するものが何もありません。困っていたちょうどその頃、中学校の時にお世話になっていた塾の先生から電話が来ました。「富岡の塾も危険で、自分たちも会津若松に避難している。大丈夫か。」と。息子は、高校を受け直すのに勉強したいが、勉強するものが何もないと相談しました。すると、会津若松の塾に通ってこないかと言ってくださいました。開いている部屋があるから、その部屋で勉強すればいい。テキストは無料であげるからと。それで、田島駅から若松駅までの回数券を買って通うことにしました。息子にとっては、いい気分転換にもなったようです。

10　対決しますか　卓球台

物置の中に、卓球台がありました。避難者が減ったので集会所の中に、この卓球台を置くスペースもできました。ずっとこもりきりの避難者。おじさんもおじいさんも、中学生も高校生も、みんな入れ替わり立ち替わり、勝負です。よく顔を出してくれる役場のお兄さんも、昔、卓球を習っていたというので対決をお願いしました。この、卓球台が出てからだと思います、みんなに笑顔が戻ってきたのは。勝った、負けたと、あんなに熱くなって、見ている方もやっている方も楽しかったのです。卓球台が、私たちの心の氷を溶かし、避難者の絆を深めてくれたように思います。

みんな、どんどん上達しました。スマッシュなども打つことができるようになりました。少々反抗期で、家族と話すことの減っていた息子も、卓球をするとニコニコ。体を動かす事って、本当に、本当に、大切。よく分かりました。

動物に荒らされた居間　ここにはもう住めないと思う

11　こんなのあるんだ！　助かった！おふろ！

松の下集会所は素晴らしい避難所でした。自炊できる。トイレが暖かい。おばあちゃんの入院した病院が近い。小さな部屋におじいちゃん、物置に勉強部屋をつくることができた。区長さん始め、地区の方々が優しい。洗濯機がある。物干し竿がある。たった一つ、不便だったのは、お風呂がないことでした。町内にも立ち寄り温泉などはありませんでした。そこで、下郷と、南郷に立ち寄り温泉があったので、どちらが早く行けるか距離を測ったら、下郷の方が早く着くことが分かりました。それで、汗かきの高校生、中学生のために、2日に1回、お風呂に行くことにしました。部活が終わって帰ってきてから、7時過ぎに避難所を出て、往復40分。気持ちよいのですが、1ヶ月続くと、結構大変でした。

すると、その状況を知った保健婦さんが役場に話してくださったらしく、仮設のお風呂を作ってくださることになりました。なんてありがたい!!小さくてかわいいプレハブのお風呂が駐車場にできました。湯船も小さいのですが、シャワーも付いていて充分です。もう、遠くまでお風呂に入りに行かなくてよいのです。南会津ですから、たくさんの昆虫たちがいます。どこから入ってくるのか、たくさんの昆虫たちとの入浴も、慣れてくると、なんてことはなくなりました。

12　たよれる区長さん

「ほーい、なにしてる?」よく、区長さんが訪ねてきてくださいました。困ったことはないか、何かしてあげることはないかと、声をかけてくれます。

「ほら、どうだ!」ある日は、洗濯機を持ってきてくださいました。「俺の娘の家で使わなくなったのがあったからな。コインランドリーではお金かかるだろう。」と。洗濯したものは集会所の中にロープを張って干しました。それまでは、7人分の着替えをコインランドリーでしていましたから、時間もお金もかかりました。ありがたかったです!!

しばらくすると、「これでどうだ。」と、今度は物干し台と竿を持ってきてくれました。「どっかでいらないのないかなと探してたんだ。やっとみっかったからな。」と。さわやかな南会津の春の風に吹かれる洗濯物。急に雨が降ってきても、避難所の誰かが取り込んでおいてくれるありがたさ。人のありがたさを感じる毎日でした。

13 いろいろな助け

一人暮らしのおばあちゃんが灯油を分けてくれたように、南会津の方々はとても気にかけてくださいました。食べたことのない地元の料理、味ご飯、煮物などをわざわざつくって持ってきて下さる方もいました。自分で編んだんだと、帽子などをくださる方。畑で取れたといっては野菜を分けてくださる方。うちにあったんだけど使ってといってシャンプーをくださった方もいました。浜通りでは使わないレッグウォーマーは東邦銀行からいただきました。足を温めるのがこんなに温かいのだと、初めて知りました。（この冬、ズボンの下にはタイツを履くということを知りました。）

地元でそばを趣味で打っている社長さん。避難所でそばをゆでてくれました。そこで、初めて見たアスパラの天ぷら。食感がおもしろく、おいしかったです。

ほぼ毎日来てくれる県外の警察官。「自分たちの県から片道9時間かけてきました。」とか、聞いたことのないなまりで、地元の話をしてくれ、「福島に行くといったら奥さんに泣かれた。」とか、いろいろな話をしてくれました。

郵便局からははがきを一人4枚ずつもらいました。それを使って、支援物資を送ってくださった方にお礼状を書きました。

ヨークベニマルは、ちょくちょくお菓子を差し入れしてくださいました。これには、子どもたちも大喜びでした。

心に栄養をあげて欲しいと、千葉県からは花も贈られてきました。久しぶりにかぐ花の香り。バケツに生けて、訪問してくださる方にお裾分けしました。

そろそろ、オシャレにも気を使ってください。と、地震で棚から落ちて傷ついて売ることのできなくなった化粧水などもいただきました。すっかり、お化粧をしなくなり、オシャレに気を遣うなんて事は考えられない毎日でし

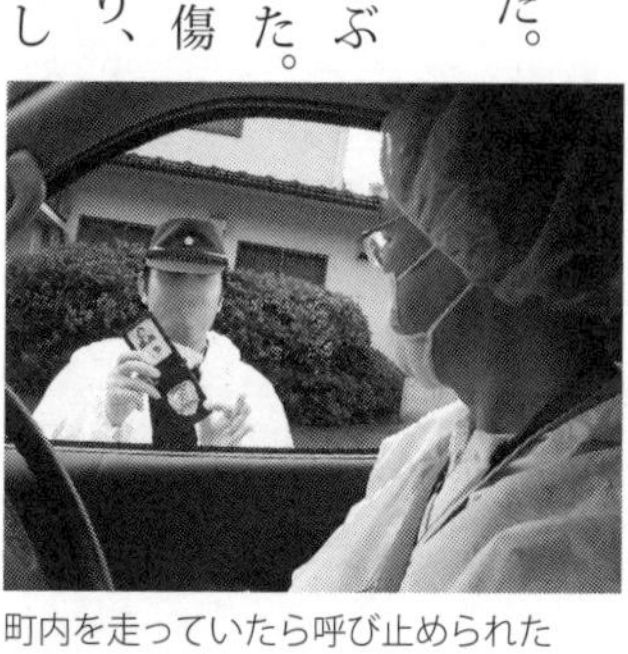

町内を走っていたら呼び止められた

たが、お陰で少しずつ、普通の生活をしてもいいんじゃないかと思えるようになってきました。トラック協会からは、太陽電池で動く扇風機が送られてきました。これはとても便利です。避難所の電気を使わなくてすみます。夏の間お世話になりました。

14　娘、病気に

娘の様子がおかしくなってきました。朝、起きたときから気持ちが悪いと泣いています。吐きます。ぼーっとしていて、覇気がありません。顔、手、足、体中に蕁麻疹がいつも出ます。「お母さん」と、ひっきりなしに呼びます。保健婦さんに症状を話すと、まずは町内の病院へ行ってみたらどうかといわれました。診断は「風邪」。

「…違う。」と、母親のカンが言っています。今度は、会津若松の病院を紹介してもらいました。すると、「起立性調節障害」だといわれました。その時の体温は34度台。血圧も上が80しかないとても低い状態でした。中学生の女子がなりやすい病気だけれど、この避難が要因になっていないともいいきれないとのこと。環境を変えず、落ち着いた生活ができれば良いですねと言われました。

原発の状況が少し落ち着いたら会津若松市にみんなで引っ越そう。その時には、娘は中学校を転校させようと思っていましたが、お医者さんに環境を変えない方がいいといわれたので、それもやめました。避難所では、ゆっくり落ち着いて生活などできません。一人だけ寝て休んでもいられないというのはつらかったと思います。早く、避難所をでて、落ち着いた生活をしたいと家を探し始めたのも、このとき（4月）からです。

妹の苦しんでいる様子を見ていたお兄ちゃんは「オレが電車で若松まで通うよ。引っ越さなくていいよ。環境、変えない方がいいんでしょ。」といってくれました。いつも家族のことを心配している、とても優しい長男です。

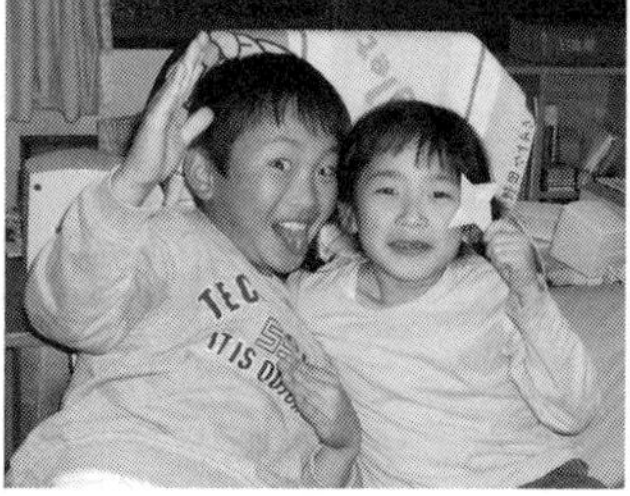

双葉のお父さんの部屋で

15　一人、また一人　去っていく避難者

南会津から双葉に帰ろうと思っていましたが、原発の事故が収束しそうにない雰囲気になってきました。残った避難者は、いつまでもここにいるわけにはいかないと、次にどうするか考え始めました。そして、町営住宅にうつる人、郡山に行く人と、一人、また一人、避難所を去って行きました。誰かが出て行くという時には、お別れの前日に、ヨークベニマルから買ってきたお寿司とビールで乾杯をして、これから先の幸せを祈りました。

うちも、いつまでも避難所にいたら南会津町に迷惑をかけると気になっていました。早く避難所を出たかったのですがなにせ、7人家族。住む場所がありません。何度も町内の不動産屋さんに電話をしました。しまいには「ああ、あなた、まだないよ。」と電話に出たとたんに言われることもあるくらい声を覚えてもらいました。町内を車で走って、「入居者募集中」という看板があればその場で電話をしました。でも、「ああ、そこ、もう埋まったの。」とか、「7人なら2部屋でしょ。ないね。」と言われ続けました。他には、空き家っぽい家を見つけてはそばのご近所さんにその家の持ち主をたずねました。娘の通う中学校の先生にも大変親切にしてくださる方がいらして、「○○にいい家がある。」とか、「このあたりは道路の除雪が大変だから、雪に慣れていない小野田さんでは難しいかも。」とか、「中間テストの期間中だけでも、家に来て勉強したらどうかしら。」と、面倒を見てくださいました。また、役場の方にもお願いして、何件か紹介していただきましたが、やはり、7人で暮らすのは大変な家ばかりでした。仕方がないので、それからは、行くお店、ガソリンスタンドなどどこでも「住む家を探している。7人家族。介護の必要なおじいちゃんが1人いる。」と話すようにしました。

するとある日、ガソリンスタンドの人に「中学校のそばに、ずっと空いているような家がある。役場に聞いてみな。」とアドバイスが。外から見てみると、5部屋はありそう。これなら住める！と早速役場にたずねると、役場でも誰の持ち家か始めは分かりませんでした。何日か経って、「以前、一人暮らしのおじいさんが住んでいた。今は東京にいるお医者さんの別荘。」ということが分かりました。そして、役場の課長さんが直々にその方に電話をしてくださって、こんな時なので、使う予定のない家なら売って欲しいと交渉をしてくださいました。結局、地元の不動産屋さんがこの家を買って、私たちに貸してくれることになりましたが、売り主といろいろあったそうです。その、「いろいろ」のために、入居は9月ということになりました。

16　おじいちゃん

双葉にいるころ、90歳のおじいちゃんは毎日朝から夕方まで外に出て草を抜いていました。お陰で、400坪強の広い庭も畑も雑草がありませんでした。たまにおばあちゃんに指示されながら畑をクワでうなったり、石灰や肥料をまいたりもするよく働くおじいちゃんでした。週に2回は、町内の双葉厚生病院に脳こうそくの後遺症のリハビリに、自転車で出かけるほど元気でした。

でも、この避難でおじいちゃんはすっかり歩けなくなってしまいました。南会津に避難してきたころは、避難所におふろがなかったので1週間に2回、おふろに連れていってもらいましたが、そのおふろから自力であがることもできなくなり、進学先が決まった息子がおふろの面倒を見ることができなくなってからは、結局、誰もお風呂に入れてあげることができなくなりました。それで、保健婦さんに相談すると、介護認定をもらったらどうかとアドバイスをされました。

おばあちゃんが入院してからは、話すことも減り、避難所の自分の布団の上から全く動かなくなってしまったおじいちゃん。図書館から借りてきたたくさんの本を読み続けるだけです。孫たちは心配して「暖かくなったら散歩しよう。」とか「イスに座ったたままやる体操、あるらしいよ。」など声をかけていましたが「オレはいい。」ばかり。元気を出させようとして「双葉に帰るときにおじいちゃんがいてくれないと困るから、体力付けて。」というと、「生きているうちに双葉には帰れっこない。」とも言われました。何を目標にさせたら良いか、本当に悩みました。

今は、介護認定もしていただき、週に一回、デイサービスに連れていってもらっておふろに入れてもらう事ができるようになりました。

金婚式お祝い会での二人

17　おばあちゃん

おばあちゃんは小野田家のぼさつ様でした。わたしは何もできないダメ嫁なのに、一度もしかられたことがありません。おばあちゃんは、私が自分で食べてもおいしくない料理でも「ママは、こんなにおいしいもの作るんだ。」とか「こんなにめずらしい食べ物、初めて食べたけど、おいしいねえ。」と、よくほめてくれました。

孫がスポ少の体操やサッカーで頑張っていると「疲れないかい、大丈夫かい。」といつも心配してくれ、十日市という浪江町の大きなお祭りの時や、双葉町のだるま市の時に飾られる習字や絵画に出品されると「頑張ったねえ。」とよくほめてくれました。畑で作った野菜を「無農薬野菜だよ。ちょっと遊んで作ってみたよ。」とみんなにふるまってもくれました。

体の具合が悪いときにはおばあちゃんに聞くとだいたい分かります。「それは、疲れてるんだよ。早く休んだら治るね。」「これは、石田さん（町医者）に看てもらった方がいいね。」などなど。

気難しいおじいちゃんにも「ほら、おじいちゃん。残さないで食べてね。」とか「おじいちゃんは今日何をするの？畑手伝ってもらえない？」と優しくほほえんで話しかけていました。

夕食のあとには外にでて、家を見ながら散歩するのが好きなおばあちゃんでした。家族全員が、おばあちゃんに支えられていました。

そのおばあちゃんは、震災の5か月前に、ガンだということが分かり投薬治療をしていました。1週間に1回原町の渡辺病院に通って治療をしていました。通えば入院しなくても良かったぐらいの状態でした。しかし、あの震災からは病院へ通院できるはずもなく、避難所は家より寒くたくさんの人がいます。食事も満足なものではありませんでした。疲労もたまったのでしょう。4月の始め。体調を崩して入院したのでした。

妹1年、兄3年　初めての歩いての登校

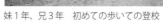

18　いよいよ　借り上げ住宅へ

９月の３連休。いよいよ仮設住宅を出るときが来ました。わたしの実家からはじいじとばあばが、避難所の大そうじを手伝うために来てくれました。みんなで障子やあみ戸を張り直したり、窓ガラスをふいたり、隅から隅まで、今までの感謝を込めてきれいにしました。

荷物はほとんどありません。赤十字からもらった冷蔵庫、テレビ、洗濯機、レンジ、炊飯器が真新しく光っています。双葉町からはこたつと、プラスチックの皿やコップなどが支援されました。そのほかに必要なものは、それまでにあちこち歩き回って探しました。双葉の家にあるのに購入する後ろめたさや、もったいない気持ちは、いつもいつもつきまといました。

避難所を出るときに、お世話になった所へお礼をして回りました。役場、警察署、区長さん、他には、娘に自転車を貸してくださっていたお宅や、地区のお祭りに混ぜてくださった方など、心当たりのあるところへ出かけました。本当に、南会津の方々に、よくしていただきました。そしてこの日に、避難者が全員、松の下集会所を後にしたのです。

19　原因不明の蕁麻疹

10月のある日「あれ？肩がかゆいなあ。」と日中思っていたら、夜中、全身に蕁麻疹が出ました。熱も出て、家族にうつらないか心配でした。病院では、「何かのウイルスだと思うけど、何でしょうねえ。」といわれました。これで1週間学校を休みました。インフルエンザ以外でこんなに学校に行かなかったことはありません。でも、このとき、震災後初めてゆっくり寝ることができたような気がします。

20　おばあちゃんとの別れ

蕁麻疹が良くなって学校へ行った日。午前中に家から電話が来ました。「おばあちゃん危篤。」そしてその日の夕方、おばあちゃんは眠るように亡くなりました。がんだったのに、痛がることもなく、本当に、すーーっと。急に脈拍がゆっくりになってきたと思ったら、急に。本当に、急に。その時、病室にいたのは私だけ。急いで病院にくるように電話で呼んだおじいちゃん達が、なんとか死に目に間に合ってほしいと願いながら、一気に間隔が空く心電図にどきどきしていました。そして、その瞬間。『今までありがとう。そっちでゆっくりできるね。』と、悲しさよりも感謝の気持ちが出て妙に落ち着いていたのを覚えています。震災後、亡くなる親戚が大変多く、おじいちゃんの弟、おばあちゃんの妹、おばあちゃんの弟のお嫁さん、おじいちゃんの妹の旦那さま、実家のおじさん……。そして、おばあちゃん。

おばあちゃんがいなくなった小野田家は、今、必死で生きています。これでいいのか、どうしたらいいのか、アドバイスしてくれたり、決定してくれたおばあちゃんがいない大きな穴を埋められないでいます。おばあちゃんの存在の大きさを、改めて思い知らされている毎日です。

21 熱がでる

震災から1年が過ぎました。双葉北小学校に籍を置いたまま、会津若松市の謹教小学校に兼務として働いてきた半年。宙ぶらりんの勤務で、周りの人にも迷惑をかけているのではないかという気持ちと、年度途中に「双葉北小学校を再開するから来てください。」といわれても、家族が田島にいるので急に行くことはできないという理由から、転勤願いを出して受理されました。なんと、転勤先はそれまで勤務していた謹教小学校。ありがたいと思いました。なぜなら、会津地方で知っている学校は、只見町の明和小学校と、会津若松市の謹教小学校しかないからです。知らないことの多さにいつも心細くなっていました。

そして、毎週土日に熱がでます。4月からは担任を持つことができました。しかし、自分の育った中通りや、嫁ぎ先の浜通りと、全く勝手のちがう会津地方の教育です。初めて体験する事や方法に、必死に付いていこうとしていました。土日は仕事のかせぎ時です。たくさんたまる仕事を少しでもやってしまいたいのに、土日は体が動かないのです。

この日は、たくさんの夢を見ました。最後には、どれが現実か分からなくなってとてもこわくなりました。

放送で、避難を呼びかけています。サイレンの音もします。「また、逃げるよ！」娘をさがしましたが、どの部屋にもいません。置いては逃げられないと思っているうちに大きな黒い壁が家を飲みこみました。逃げるのが間に合いませんでした。夢でした。

借り上げ住宅の一室に、知り合いの子どもも一緒に住んでいた事に気づきました。その子のお母さんが言います。「本当にお世話になっちゃって。仮設住宅がせまくてみんな一緒に住めないからって、引き受けてくださってありがとう。」『あれ、そうだったっけ。今までご飯作ってあげてなかったよ。

どうやって生きてたんだろう。ごめんごめん。』急いで部屋を見に行きました。だれもいません。これも、夢でした。

「この坂道、まだ自転車から降りないで登りきったことないんだよね。今日こそは！」と挑戦しましたが、今日も登れませんでした。途中で断念。すると「こうすれば登れますよ。」と知り合いの子どもがすいすい登っていきました。その子に「行かなくちゃいけないってのは分かっているんだけど、この先になにがあるんだっけ？」と大声で尋ねると「双葉の人、みんないますよ。」……夢でした。

「靴、持ってきたからこれで、外に行けるね。」「お母さん、おれの服は？あのタンスに入ってるはずって言ったじゃん。」「ごめん、見つかんなかったんだ。」一時帰宅してきてへとへとでした。これも夢でした。……今までの夢でなら、空を飛んで自由に帰っていたのに、今回の夢では、わざわざ、検問所を通って帰宅しました。

こんな夢を寝ては見て、起きては考えて…を繰り返しているうちに、夢を見ているのか、現実なのか、分からなくなってしまいました。ここはどこなんだろう。双葉の家か？実家か？小さいころよく行っていた祖父の家か？避難所か？平日？休日？季節は？私は、生きているの？死んでいるの？とてもこわくなってまた目が覚めました。熱が見せた、たくさんの夢。普段は封印している思い。考えないようにしている現実。

22　帰れないよ

一足先に、避難解除準備区域になった南相馬の小高区住民。「夜は泊まれないけど、日中は家に帰れるんだよ。でもね、水はこないし、ゴミの収集車だってこないし、家を片付けたくたって、無理。何回かは片付けようと思って行ったけど、もう、やめた。」と嘆いている方がいました。

津波の被害もすごかった福浦小学区。子どもたちが野球のスポ少で汗を流した東部グランドは、津波のがれき置き場になっていると聞きました。「あれを見ると、悲しくてね。どうしようもないんだろうけどね。原町は、小高を見放したんじゃないかって、悲しいの。合併なんかしなきゃ良かったんだ。」

23 新潟に集まる

双葉郡の町は、原発から近いこともあって浪江、双葉、大熊、富岡の町民は全員避難しています。そのために、各町では小学生や中学生を会わせる企画を行っています。しかし、南相馬市の小高区は、同じ南相馬市の中の原町区や鹿島区が避難の対象ではなかったからか、双葉郡のような子どもたちの集まりがないのだそうです。双葉郡の人たちと同じように避難させられて、全国各地で大変な思いをしているのは一緒なのに。

そこで、新潟の保養プロジェクトという団体が、南相馬市小高区福浦小学校出身で、現在中学3年生になっている学年の子どもたちを会わせてあげようというボランティアを行ってくれました。私も、サプライズゲストとして参加してもらえないかと頼まれたので、是非!!と参加させていただきました。

久しぶりに会えた子どもたちは、サイズが大きくなったのに、仕草や雰囲気がそのまま。ずっと会っていなかったのに、一気に、福浦の小学校で楽しくやっていた頃を思い出して話が弾みました。

夕飯後、涼むのをかねて福島潟という所に、地元の方と一緒に遊歩道を散歩しました。外に出たということと、暗くてよく顔が分か

伝統芸能・村上の田植え踊り

らなかったということが幸いして、今まで1年以上、あんまり人に言えなかったという苦労話を、みんな素直に、思うままに話してくれました。「話してごらんってェ、よく言われるけど、何を話せばいいかわかんないし、話して、本当に分かってもらえるとは思えなくて、話したことないんです。」という男の子もいました。

この学年の同級生で、津波に飲まれてお父さんとおばあちゃんと一緒に亡くなったあっちゃんという女の子の話もできました。お葬式以来、初めて話すなあと思いながら。するとちょうどその時、一人の男の子が足を踏み外して潟の浅瀬に落ちてしまいました。「これ見て、あっちゃん『だいじょおぶう?変わってなあい!』なんて笑ってんじゃないかあ!」なんて、あっちゃんを交えた冗談を言って大笑いするぐらいに、今まで誰にも言えなかったことを言葉にすることができた古い仲間との貴重な時間でした。

別れがとてもつらかったのですが、それぞれ、みんなが別の場所で頑張っている事が分かり、私もまた頑張るか!という決心が付いた感じがしました。会わせてもらえて、本当にうれしかった出来事でした。

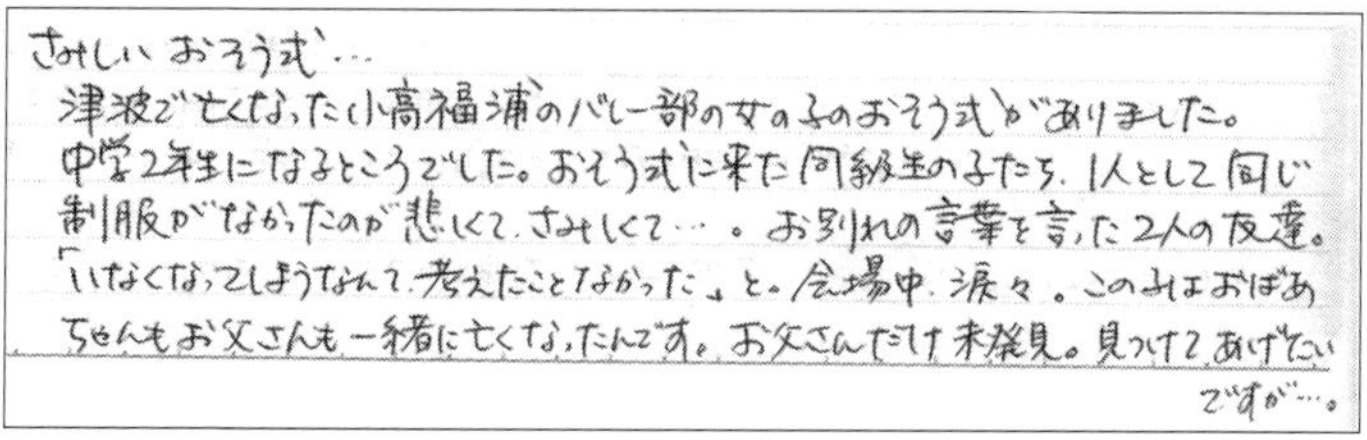
さみしいおそう式…
津波で亡くなった小高福浦のバレー部の女の子のおそう式がありました。
中学2年生になるところでした。おそう式に来た同級生の子たち、1人として同じ制服がなかったのが悲しくて、さみしくて…。お別れの言葉を言った2人の友達。「いなくなってしまうなんて考えたことなかった」と。会場中、涙々。このみはおばあちゃんもお父さんも一緒に亡くなったんです。お父さんだけ未発見。見つけてあげたいですが…。

「双北の光」に書いた「あっちゃん」のお葬式の時の記事

24　ある「音」が駄目なんだ

あの日から今まで、いろんな事がありました。これは現実かと思うようなことも多くありました。友達や知り合い、親戚が近くにいない生活がこんなに心細いとは思いませんでした。けれど、主人には「いつ、おまえが壊れるかと思ったけど、大丈夫そうだな。強いんだな。」といわれるくらい、人前では平気でした。平気なフリをし続けているというのが正しいと思います。泣く場所は車の中と決めていますし……。

普通の引っ越しなら今までの人生で10回近くしています。その時には1年も過ぎればその土地に慣れて、以前を懐かしむなんてことはなかったのに、今は、なぜか駄目。それが不思議です。何かが受け入れないのです。自分の周りに、見えない厚い壁がある感覚です。

これまでに、自分に驚くことが4回ありました。1回目は昨年の秋です。先生方は授業にいっていて、私と数名の先生だけが職員室にいました。そこに、「あの音」が。先生方の携帯から響く「緊急地震速報」です。他の先生方は、校内の安全確保に走って出て行きましたが、私はいすから動けなかったのです。ものすごく心臓がバクバクして、冷や汗が出て、こわくて仕方がありませんでした。揺れはなんてことはないのです。あの東日本大震災のすごい揺れと比べたら、車に乗っているようなものです。でも、あの音。川俣の避難所で、何十、何百という携帯から鳴り響いた、あの音。ひっきりなしに流れていたあの音。私は、その場を動けませんでした。

2回目は5月の避難訓練です。子どもたちに指示して、帽子かぶって、旗もって、この教室から逃げる道はあっち…。とシミュレーションはばっちりでした。しかし、あの、非常ベルが鳴ったとたん、頭の中が真っ白になってしまったのです。目の前には子どもたち。放送で何か言っています。他のクラスの様子を見て、どうすればいいか必死に考えました。本当に、必死でした。子どもたちは慣れたもので、いつもの通りに訓練をしています。そして、放送の指示で校庭に避難しました。これは訓練だと分かっているのに、避難して外に集まっている子どもたちを見て『良かった、誰も血を流していない。』とか、『まだお迎えの人来ていないんだ。』とか、『この校庭は地割れしなかったんだな。』とか、『これで全校生が逃げられたかな。』と思ってしまいました。

3回目は今年の運動会の練習中。全校生での練習で会津磐梯山の盆踊りの練習がありました。その太鼓の音を聞いたとたん、相馬流山を思い出したのです。ホラ貝、太鼓、歌、陣羽織。そして、その相馬流山を踊って入退場する伝統芸能「村上の田植え踊り」を思い出してしまいました。福浦小学校で伝統芸能を教えていただくときにお世話になった先生方が津波で亡くなりました。私は、その中のたった1人しか、お葬式に行けませんでした。

目の前で全校生が踊っている会津磐梯山。急に、涙があふれてきました。民謡などはそんなに好きではなかったのに、こんなに恋しく思うなんて、自分でも驚きです。深く帽子をかぶってごまかしていたら、そばにいた校長先生が「思い出したいときは、思い切り思い出すといいですよ。」と言ってくださいました。

4回目。東日本大震災の余震が冬にありました。その1ヶ月ほど前に、双葉北小学校の先生方とお会いしたとき、いわきに住んでいる先生が「あの地震が来る前の時と似ている地震が多いんだよ。また、大きなの来るんじゃないかなって心配しているんだ。」と話していたばかりでした。職員室になり響く「緊急地震速報」……またです。動けなくなりました。今回も同じです。揺れはちっともこわくないのです。「揺れ」が苦手なのではありません。その後、「津波警報」まで鳴りました。そのとたん、一気に、あの時亡くなった30名弱の知り合いの顔を思い出して、また、動けなくなりました。

やっと分かりました。「音」です。私は、あの時や、あの時亡くなった人を思い出させる「音」が駄目なんです。しかも、それは自分では避けられない音。いつ、忘れることができるんだろう。いつ、何ともなくなるのでしょう。

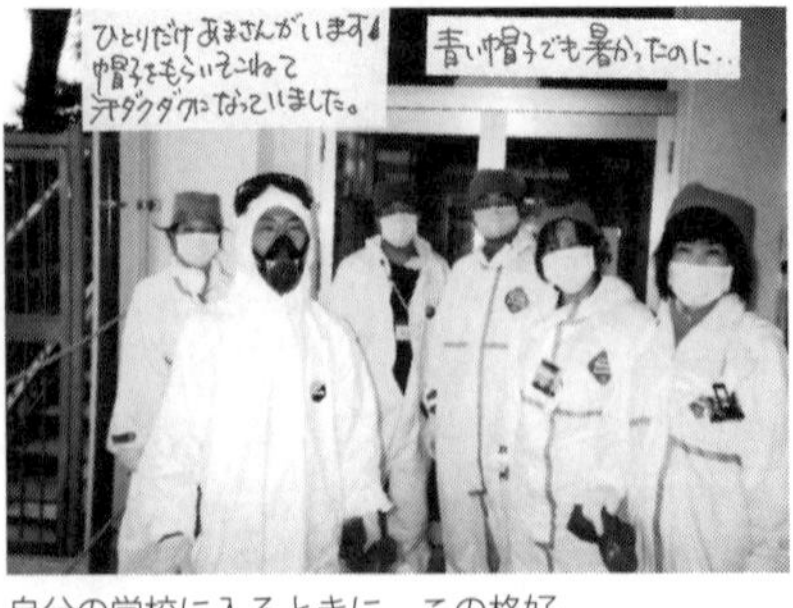

自分の学校に入るときに、この格好

25 車

あの日からずっと私たちのそばにいてくれている「車」についてです。私は、ISUZUの4駆、ウィザードに乗っています。前の車のISUZUのミューが、車検を通らなくなるほど壊れてしまったときに、小回りのきく軽自動車にしようと考えました。すると実家の父が「おまえが死んだら困る。大きな車を買え。買わないなら、お父さんが買う。」と、小さな車を買ったら私がすぐに死んでしまうような思い込みと、私が大きな車を買わないなら自分が買うという、ちょっと意味の分からない理由から、結局、この車に替えたのでした。

人生に無駄なことは何もないと、よく耳にしますが本当にその通り。この車も、無駄ではありませんでした。大きなRV車だったから、避難するときにおばあちゃんの冬布団を一式積めました。おかげで、寒い避難所でも、凍えることなく休むことができました。荷物もたくさん積めるし、力のあるエンジンなので（排気量3，160）道路の亀裂や、橋の段差、崩れた道、でこぼこ道、どんなところでも進むことができ、助かりました。ゆったりしているので、疲れたときには車の中で寝ることもできるし、頑丈なので安心できます。4駆だったから、南会津までも避難できました。

あの日からずっと一緒にこの車に乗って避難を続けた娘が言います。「この車替えないで。ずっとこの車に乗って。」と。燃費も良くはありません。一般ユーザーが1ℓあたり5．5キロしか走らない車です。私はそんなにふかさないで運転してもだいたい7～8キロです。高速などで頑張って9キロ。車体が重い。しかも今は遠距離通勤。1週間に1回、給油が必要です。燃費の良い車に替えようと密かに思っていたときに言われた「替えないで」は、重かった……。
「双葉にあれから1回も帰っていないけど、この車を見ると双葉を思い出せる。うちから持ってこれた大きなものはこれだけでしょう。」「ずっと一緒だった。」と言います。「もし、壊れちゃったら、このシートだけでも新しい車につけられないかな。」……そこまで言うのでは、替えられません。大事に乗らなくては。

この車、震災以降、1ヶ月でだいたい3，000キロ走っています。総走行距離は、今日ちょうど177，777キロを超えました。最近3ヶ月で、ラジエーターが割れて白煙をあげたり、エンジンの調子が悪くて部品を交換したり、フロントガラスが割れたりして（対向車の道路工事の黄色トラックから工具が落ちてきて当たったのです!!もう、ショック!!）会津のISUZU工場に大変お世話になっています。それでも、この車に1日でも長く乗り続けたいと思います。いつまで、乗り続けられるかな。大事に大事にこれからも乗り続けようと思います。

一時帰宅で、双葉の自宅と車。サッシ窓が全部落ちたので、雨戸。育った家を、いつか子ども達にもう一度見せたい。

交付日　平成24年12月1日　第　0701641　号
一時立入車両通行許可証
有効期限：平成24年12月15日
（中継基地）
（通過可能検問所）
許可を受けた者：小野田　礼常
（代理人）：
許可車両番号：いわき300せ7081
許可権者　双葉町長　井戸川克隆

通行許可証

浪江からの女性の避難者が話していました。「車が愛おしくて仕方がないの。雪に埋もれていると、話しかけながら雪をどかすの。大丈夫？ごめんねって。こんなの、今まであり得なかったんだけど、私、大丈夫かな？」大丈夫。うちも一緒ですから。

避難所で、娘が描いた絵

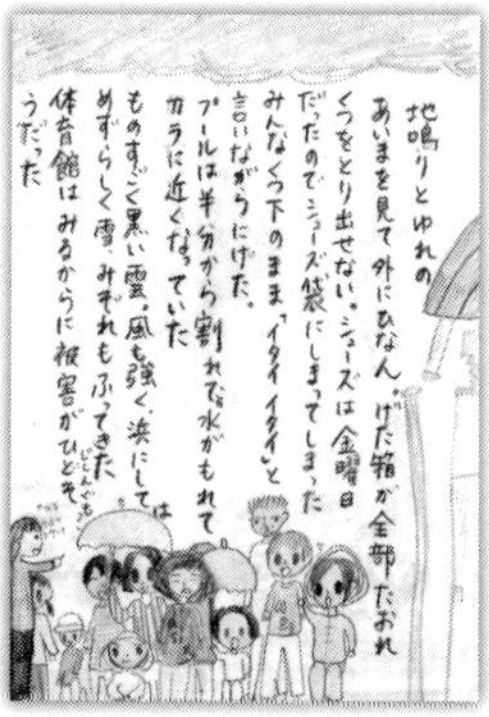

自分（双葉南小学校）

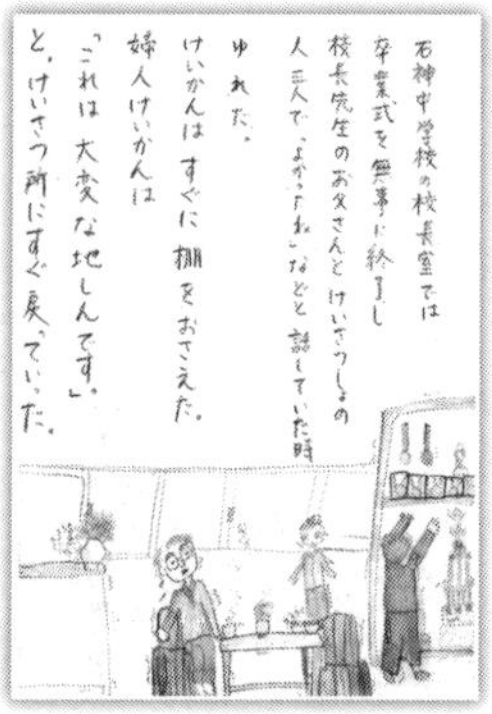

お父さん（石神中学校）

お母さん（双葉北小学校）

お兄ちゃん（友だちの家）

26 年賀状

昨年はおばあちゃんが亡くなったので出せませんでしたが、今年は年賀状を出そうと思っていました。一番の目的は、震災後、とても心配してくれた友達や知り合いに元気でいることを知らせるためにです。他には、居場所も教えたかったのです。毎年、家族4人と飼い犬とで撮った写真を載せていましたが、今年は4人がそろった写真は1枚もありません。新たに撮ろうと思っても、4人がそろいません。仕方なく、あちこちからそれぞれが写っている写真を集めて作りました。

印刷も終わって、一言を書こうとしたら、何の言葉も浮かんできません。これには驚きです。誰に対しても、一言が書けないのです。頭に浮かんでくるのは、年の初めからは聞きたくないようなことばかり。はじめて、何の一言も書かずに出しました。そういえば、あれ以来、あれほど楽しみだったお祭りにも全く行かなくなりました。何か、関係があるのでしょうか。

27 今の避難区域

浪江の大堀地区の友だちの家には、自分の家族ではない誰かが住んでいるそうです。庭にあるお地蔵様の服が、一時帰宅するたびにかわっているから分かったそうです。ゴミも、きちんと分別されて部屋に置かれているし、出しっ放しだった荷物が、たんすや押し入れにきれいに片付けられているそうです。「きれいに使ってくれているからいいけど。でも、気持ち悪い。」と話していました。

うちは、避難後、おばさんの部屋にあった現金がなくなっていたのと、どこかの飼い犬が住んでいたこと、鳥が何かに食べられていたけどその死骸に誰かが新聞紙をかけてくれていたこと、金魚の死骸がなくなっていること、ネズミだらけになったことぐらいです。………十分か。誰かが家に入っている気配はします。まあ、ガラス窓（サッシ）が地震の揺れで全部落ち、それは重くて戻せないまま避難したので、雨戸だけを閉めているのです。どこからでも入れます。ただ、何か盗って行くにしても、放射性物質が付いているものばかり。気持ちが悪いですよね。

いつか、生活が落ち着いたら持ち出そうと思っていた家の物は、もう、無理かもしれません。ネズミのおしっこだらけ。蜘蛛の糞だらけ。ほこり。強風が吹くという天気予報のたびに、「家は崩れていないかな。」と心配をしてきましたが、一時帰宅するたびに自然に飲み込まれそうになっている家を見ると、何の期待もできなくなってきました。

双葉町の町長は「帰るのに、30年。」と言いました。それなら私は73歳です。研究者は、安心して住める土壌になるには167年4ヶ月必要だといっています。友達はいわき、郡山、原町、相馬などに家を建てたり、中古住宅を購入したり始めました。うちは、どうしよう。これから、どこへ行こう。どこに住もう。とりあえず、子どもたちの進路が決まるまでは会津にいることは決めていますが、その後、どうしよう。主人の退職まであと4年。どうしよう。………考えると、疲れます。なぜなら答えが出ないから。

この間息子が言いました。「俺らって、一生被災者？」

「一度は被災したけれど、そのまま埋もれてしまう人はいない。大丈夫。『一度は被災者。その後は、普通の人』でいいんじゃない？」と話しました。

28　PTG

震災後、アルピニストの野口健さんが話しています。

「PTSD（心的外傷後ストレス障害）ではなく、PTG（外傷後成長）がある。ストレスを経験しても、それがその人の人格形成にプラスに働いて人間的に大きく成長させる現象のこと。この震災で、大きく傷つき、つらい思いをしている子どもたちはたくさんいるだろう。しかし、PTSDの先にPTGがあると思えば、人生全ての経験に意味があるのかもしれない。この過酷な経験を、プラスにできるのか、それともマイナスのまま行くのかは、その人次第であるが、周りでどのように支えていくのかも大きな影響になるだろう。」(「教育の窓」東京書籍)今、私が何のために頑張っているかというと、子どものためです。この文章にはとても元気づけられました。

29 警戒区域に咲く花

一時帰宅したとき、人のいない薄汚れたゴーストタウンに、きれいな色の花が咲いていました。一時帰宅するたび、なぜここにいられないのかと、無性に悲しくなります。そんなとき、道ばたの花を見ると癒やされます。いつかまた、双葉の家のように、1年中、花の咲く庭に囲まれて暮らすのが、今の夢です。

落ちた瓦と

傾いた倉庫となでしこ

もとは畑

落ちた瓦のすきまから

落ちた階段の手すりと

崩れた家と

アゲハチョウとコスモス

タンポポ一輪こっちを見てる

撮影：小野田陽子
2012年6月2日

どこまで登れるかな

いろんなものが埋もれてきた

跋文

跋文

小野田陽子文集『福島双葉町の小学校と家族～その時、あの時～』先生ありがとう、こどもたちありがとう、避難民の皆さんありがとう

佐相　憲一（詩人）

この本をひろく世に読んでもらいたくて、この推薦文を書かせていただくのだが、その前にわたしは言わずにおられない、「小野田先生、ありがとう」「先生方、ありがとう」「双葉北小学校のこどもたち、ありがとう」「避難民の皆さん、ありがとう」と。

二〇一一年三月一一日に発生した東日本大震災と東京電力福島第一原子力発電所事故以降のこの六年間、被災地の東北や北関東をはじめ、全国の心ある人びとが、助けあい、支えあい、訴え、行動し、提案し、書いてきた。それに対して、被災者支援でも被災地復興でも原発問題でも、そうした多くの人びとの願っている方向とは違う、上からの冷たい態度が度々指摘され、批判もされてきた。被災者や被曝者の人生をかけた真実の声、そして今後の日本のあり方の方向転換を願う国民多数の声は、ま

だまだしっかりとは活かされていないと言えるだろう。

ここに届けられた貴重な文集『福島双葉町の小学校と家族～その時、あの時～』は、小学校五年生を担任する女性教師が、突然の三・一一に遭遇し、自らも家族と共に避難民となりながら、必死になってこどもたちを守り、先生達と知恵を出し合いながら地域の人びとの命を守り、県外・県内と大きく移動しながらその後も、こども達とその家族を励まし交流しながら励まされて自らも生き抜いていく、約一年間にわたる通信手記である。小野田陽子さんはこれを先生や生徒や保護者に配ることで、ともすると悲惨な現実にくじけそうになる自他の心をつなぎ、励ましてきた。避難民となった教え子たちや保護者たちからの本音アンケート結果なども誠実にここに記され、先生方の奮闘や、避難民受け入れ地の関係者から受けた温かい対応なども記録されている。

もとになった手作りの文集は学校関係者の間で話題となり、「もっとひろく世に読んでもらいたい」「わたし達の実際を人びとに知ってもらいたい」という声となっていった。そして、いまこうして正式の流通書籍としてまとめられることになったのである。きっかけになったのは、著者と同じ福島県民で、詩人・元教師の二階堂晃子さんからのご紹介と強い推薦である。二階堂さんからこの文集を見せていただいて、わたしも強く心を揺さぶられた。そして、三・一一後のこの真実をひろく世に伝えたいと感じた。

この文集は二つの章に分かれている。第一章「その時」では、小野田さんの勤務する双葉町北小学校の人びとにとっての三・一一以降が主に描かれ、そこに小野田さん自身の家族の様子なども織り交ぜてある。受け入れてくれた埼玉県の学校や、小野田さん自身も兼務する会津若松市の学校での交流記も切実だ。分量的にこの章がこの本の三分の二以上を占める。第二章「あの時」は、それと同じ時間の小野田一家の物語が詳述されている。この二つの章をあわせて読むと、この先生の献身的な心と積極的な行動力に、わたしはただただ頭が下がるばかりだ。興味本位で時に無責任な報道番組やさまざまな記事やインターネット情報からはうかがいしれない、福島の人びとの本当の苦闘の記録。そして、さまざまな理不尽への怒りや悲しみと、それを越えていく人びとの生きる力の美しさ。その主人公はなんといってもこどもたち、双葉北小学校の愛すべき児童たちだ。小野田さんがこの文集を書いてくれたおかげで、わたしたちはいま、彼らの真実をリアルタイムの臨場感で追体験することができる。生き続けていくのさえ難しい状況を生きながら、他者の命に本気で寄り添いながら、助けあいながら、さらに言葉にして書きのこしてくれた小野田さんの行動力には、敬意しか浮かばない。ここには本物の教師の魂があるだろう。人は伝えあい、話しあい、感じあい、尊重しあい、共に生きていく存在であるということ。まだ小さな体で必死に苦しみに耐え、希望を捨てずに生きていくこどもたちにとって、そして自らも人生の深淵を見つめながら我が子を守る保護者たちにとって、こういう通信活動をしてくれる教師はなんとありがたいことだろう。当初、同じ福島県内でもたとえば会津若松の人びとにとってはなかなか真に分かったとは言えなかった状況が、この文集を読んでもらうことで理解され、変わっていったということも書かれている。小野田先生は兼務先の会津若松の小学校で放射線教育も任されたのである。

この文集を読むと、小野田先生が彼らひとりひとりのことをいかに大切に考えているかが伝わる。明確には書かれていないが、亡くなった関係者や行方不明の関係者の存在もある。そして、それぞれの命が約一年間のしんどい体験の中で、どう感じているか、どうしてほしいか、どうしたいか、先生はその都度キャッチして交流し、伝えあってきたのである。被災者へ全国から寄せられる支援物資やお便りなどへの感謝も書かれている。

一二八、一二九ページに、原子力発電所との地理関係で警戒区域と計画的避難区域に指定された地域の小中学校と児童数、教職員数が表に示されている。二〇一〇年度の人数で小学生五〇九四人（二三校）、中学生二二六一人（一二校）。これらの児童と教職員は、ほかの土地へ避難して学業を続けなければならなかったのである。小野田さんの双葉北小学校は、一五二人の児童と二〇人の教職員であった。ひとりひとり個性をもってぐんぐん成長するこどもたちがこんなにも大勢、路頭に迷わされたのである。原発とはそういうものである。

この本には写真がたくさん収録されている。小野田さん自身が選んで掲載したその写真群（自身の撮影と一部関係者の撮影）を見ているだけでも、切実な心が伝わってくる。まず、被災地の悲惨な状況を切り取った写真。たとえば、三五ページの写真「土台だけになった用務員さんの家」には、状況伝達以上に、学校の尊敬すべき職務をこなす人の深い悲しみを我がこととして感じる教師の眼を感じさせる。次に、愛する教え子たちの心を関係物で伝える写真。たとえば、二一七ページ上の三月一一日の黒板写真には、こどもたちの祈るような言葉「つなみは絶対こない」「おちついて」「たすかる」などが並び、先生と生徒が大きな揺れの中で必死に励まし合う光景を想像させる。それから、もはや元には戻らないかつての愛着物とそれをめぐって積み重ねられた尊い日常の記憶の写真。たとえば、一八二ページの写真「5年廊下の掲示板　みんな笑ってる」からは、クラスのみんなが共にしてきた楽しい日々の思い出と、ぶらさげられた各自の荷物にひとりひとりのこどもの存在感や体温が伝わってくる。また、小野田さん自身の家族の写真集もあって、教師ゆえに多くのこどもたちの避難生活に関わりながら、自らも被災者として、我が子ふたりと夫、義理の父母とのかけがえのない暮らしをも必死に守る人の、人生の宝の刻印がある。以上、いくつかの側面に分けたが、これらの貴重な写真群は、日頃撮影されてきたものが震災後に泣けてくるものとなったこと、写真の中の物体にその関係者の人間の匂いと体温が感じられること、それでも避難民はたくましく生き続け、また新たな人生の物語を共につむいでいっていること、などをこちらに伝えている。そして、写真の奥に濃密に感じられる悲しみと希望の詳細を、小野田さんはこの文集の中で、自分の言葉で語っているのだ。わたしは詩の世界にいる人間だが、思わず、「これは詩集みたいだ」とつぶやいてしまった。この本の物語も写真も、人の心の一番深いところから発せられ、しかもその背後の言外に重く大切なものが感じられるからだ。

そんな繊細な著者であるが、「あとがき」に書かれている次のような思いが胸に痛い。

〈頭の中にはいつも「地震」「原発事故」「避難」「よそ者」「ここにいない方がいい…」という感覚があります。だから、何かあの時の光景に似ているものを見たり、音を聞いたりするだけで一瞬にあの時に心が戻ってしまうんです。〉

〈福島県外で避難した子がいじめに遭ったと、「今頃」騒いでいます。避難した年から、たくさんのいじめがあったんです。でも、みんな「ここにお世話になっているから…」と我慢して言いませんでした。〉

この言葉をわたしたちは重く受けとめなければいけないだろう。快活で前向きで人びとへの感謝を忘れない著者が、この本の終わりにふと口にした思いである。

いま全国で、教師と生徒をめぐる痛ましい事件などが報道されているが、そうした現代日本で、最も苦しい状況にいる存在にもかかわらず福島の被災者、避難民の先生とこどもたちが、こうした熱いものを届けてくれることを、わたしたちは胸にしっかりと刻まないといけないだろう。そして、わたしたちは人間が生きるということの根本的な何かを、この本の登場人物たちに学ぶことができるだろう。

この文集には人間の真実が深く刻まれている。それも、未来を担うこどもたちを中心に置いた視点で。六年が経って、また三月一一日がめぐってくる。大切なものを胸に共有すると同時に、風化させてはいけないものを読者諸氏と共に確認したい。

あとがき

あとがき

あれから6年がたちます。ついこの間も、渋滞している車の列を見て娘が言いました。「避難した時みたいだね…。」私も、口には出しませんでしたが、実はそう思っていました。娘には「あ～そうねえ。似てるねえ！」とおちゃらけて答えました。現役で避難生活中の私たちにとっては、ちょっとしたことが、双葉や6年前のことを思い出させるスイッチになっています。

私の生活は、全てが「仮」です。そう思ってはダメだ、これが現実だと分かっているのに、「仮の生活」と感じてしまっています。「夢」のようで、いつか目が覚めるのかもと思ってしまうんです。そんなわけがないって、分かっているのに…。頭の中にはいつも「地震」「原発事故」「避難」「よそ者」「ここにいない方がいい…」という感覚があります。だから、何かあの時の光景に似ているものを見たり、音を聞いたりするだけで一瞬にあの時に心が戻ってしまうんです。それは、生活の中のあちこちにあります。それから、どうしようもなく心細くなります。そして、その感情をまた、心の奥に押し込んで出てこないように、作り笑いをします。元々自分が嫌いなのですが、今、ますます、自分のことを嫌いになっています。

福島県外で避難した子がいじめに遭ったと、「今頃」騒いでいます。避難した年から、たくさんのいじめがあったんです。でも、みんな「ここにお世話になっているから…」と我慢して言いませんでした。同じ境遇の人にしか話したくないと子どもたちは言っていました。いじめられている内容があまりにもひどすぎて、悲しくて、悔しくて、失礼を承知の上で、その学校に「気付いてあげて下さい!!」と電話をしたこともあります。いじめられるたびに、「世話になっているから、文句を言うくらいなら、黙って転校する。」と言って、何回も転校した子もいます。なんとなく、どのいじめも、親が家で言っている不安や不満を聞いたその子どもが、学校で避難者に言っている感じがしました。

娘と息子、そして私たち家族は、会津の方々の大きな優しさに包まれて毎日を過ごしています。

娘の中学校卒業式の祝辞の中に「この町で生まれ育ち、ここでたくさんのことを学んだ皆さんに、これから先大きな幸せが来ますように。」という内容のお言葉がありました。私は仕方がないなと思って聞き流していましたが、卒業式のあと、娘の友だちが私の所に来て「ひどいですよ。この町で生まれた人だけが幸せになればいいなんて!安紗ちゃんは、この町で生まれたんじゃないのに。そういうことにも、気をつけて挨拶をするべきです!気にしないで下さいね。」と言ってくれました。きっと、この挨拶をした方も、本当は良い方に違いないと思います。子どもたちの成長を見守って下さっているのですから。故郷への愛が強くて、子どもたちがかわいくて言ったに過ぎたないと分かっています。この子以外にも、娘に同じような事を言った友だちが何人もいたそうで、友だちとして受け入れてくれた仲間に感謝しています。

息子のサッカー部の仲間も最高でした。何も分からない息子に、自転車を貸してくれた先輩。待ち合わせ場所が分からないだろうと、一緒に行ってくれた友だち。たくさん話をしてくれた後輩。息子の周りには、いつも仲間がいました。私が教えられなかったこと、気付かなかったことも、みんな友だちが気付いて世話を焼いてくれました。

いろいろなことがありましたが、結果として「会津に来れてよかったな。」と話しています。まだ、永住の地を決められないでいますが、子どもは二人とも「ずっと会津に住んでもいいよ。」と言ってくれています。

さて、この本は、避難してから出会った、尊敬する校長先生の一言から書き始めました。私は、双葉北小学校の先生のまま、会津若松市立謹教小学校の先生になるという兼務が発令されました。その第一回目の職員会議で、それまで、郡山自然の家で所長をしておられた校長先生がお話しされました。「会津は大きな被害がなかった。だからこそ、教職員の危機管理意識の高揚と、子どもの危機回避能力の育成をお願いしたい。それと、先生方全員に考えてもらいたいのは、ここにいる意味です。」と。双葉北小学校が開校するという時には、年度途中でもすぐに戻らなくてはいけない立場のため担任を持てず、時間がたくさんあった私。ここにいる意味…。こんな私でもできること…。それは、会津の先生方に「本当にあったことを伝える」ことだと思ったのです。それで、今回の東日本大震災時や、その後の教員の動きについて、震度6強の浜通りの双葉町立双葉北小学校について書き記していったのです。

いつか、製本はしてもいいなと思っていましたが、本物の本にしようとは思っていませんでした。そんな私の背中を押してくれた、二階堂晃子さん、佐相憲一さん、そして、今年度末に、愛する双葉郡の教職を定年退職する小野田敏之さん（現在：大熊町立大熊中学校校長）。ありがとうございました。

平成29年1月8日（日）

小野田陽子

著者プロフィール

小野田　陽子（おのだ　ようこ）

1969年福島県石川郡浅川町生まれ。

小学校教師。旧姓・人見陽子。夫は中学校教師。1男1女の母。

福島県大熊町立大熊中学校、只見町立明和小学校、大熊町立大野小学校、南相馬市立福浦小学校勤務を経て、双葉町立双葉北小学校勤務中の2011年3月11日、東日本大震災で被災、双葉町の自宅より避難民となる。現在、福島県会津若松市立謹教小学校教師として、会津若松市に在住。

〈現住所〉

〒965-0826　福島県会津若松市門田町大字御山字村中312-16

石炭袋

小野田陽子文集
『福島双葉町の小学校と家族～その時、あの時～』

2017年3月11日　初版発行
2018年3月11日　第二版発行
著　者　小野田陽子
編　集　佐相憲一
発行者　鈴木比佐雄
発行所　株式会社 コールサック社
〒173-0004　東京都板橋区板橋 2-63-4-209
電話 03-5944-3258　FAX 03-5944-3238
suzuki@coal-sack.com　http://www.coal-sack.com

郵便振替　00180-4-741802
印刷管理　（株）コールサック社　製作部

*装丁　奥川はるみ

落丁本・乱丁本はお取り替えいたします。

ISBN978-4-86435-286-4　C1095　¥1500E